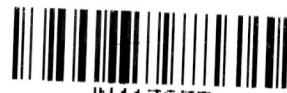

순기초일본어

일본어가 튼튼하게 자란다 [겡끼]

げんき

읽기 쓰기

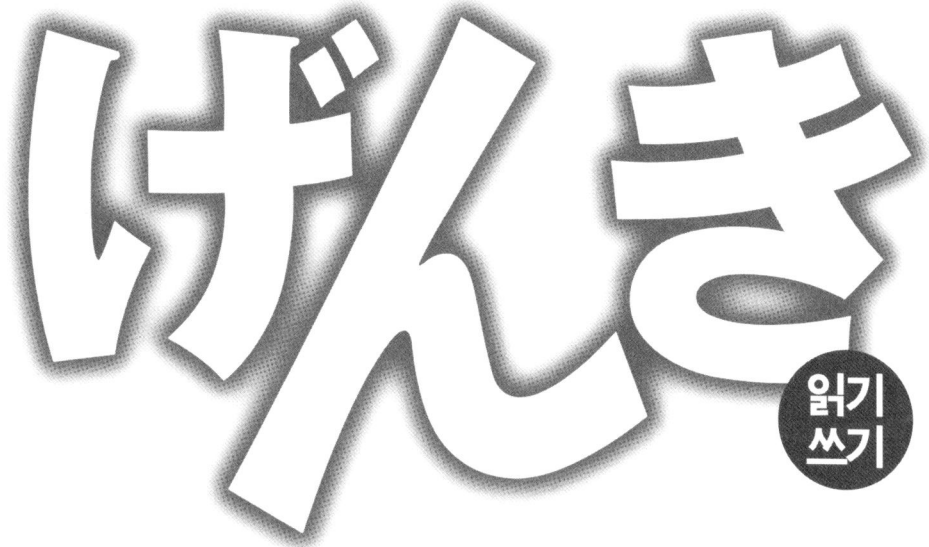

GENKI: An Integrated Course in Elementary Japanese Ⅰ & Ⅱ <Textbook & Workbook>
by Eri Banno, Yutaka Ohno, Yoko Sakane, Chikako Shinagawa & Kyoko Tokashiki

Cover art by Nakayama Design Office: Gin-o Nakayama, Mutsumi Satoh & Masataka Muramatsu
Illustrations by Noriko Udagawa and Reiko Maruyama
Original Japanese edition published by The Japan Times, Ltd.
Korean translation rights arranged with The Japan Times, Ltd.
through Japan Foreign-Rights Centre

머리말

이 책은 학생들의 요청으로 시작하여, 실제 수업에서 반복하여 사용해 본 후, 학생의 반응이나 의견, 감상을 참고로 하여, 세부적인 사항에 이르기까지 개정을 거듭하여 만들어졌습니다. 이 책을 이렇게 출판하기까지 4년이라는 시간이 걸렸습니다만, 덕분에 그 보람이 헛되지 않은 이상적인 교재가 될 수 있었다고 생각합니다. 이 책을 사용함으로써 학습자들은 그림이나 게임 등을 통해 즐겁고, 자연스럽게 일본어 능력을 키워 갈 수 있으리라고 확신합니다.

이 책이 완성된 것은 많은 분들의 도움 덕분입니다. 특히 출판에 있어서, The Japan Times 출판부의 関戸千明 씨께 여러 가지로 신세를 졌습니다. 또, 11과 이후의 작업에 참가해 주신 渡嘉敷恭子 씨, 이 책을 써 보고 조언을 주신 関西外国語大学 유학생별과의 동료, 실습생, 시용판의 일러스트를 담당하신 田嶋香織 씨, 번역에 도움을 주신 大川ジュディ 씨, 지금까지 저희를 지도해 주셨던 선생님들께 진심으로 깊은 감사를 드립니다. 그리고 마지막으로 이 책을 만들게 된 동기이자 원동력이었던 関西外国語大学의 유학생 여러분들께 감사를 드립니다.

차례

이 책에 대하여

1. 대상

「겡끼 시리즈」는「겡끼 회화 • 문법 ①」「겡끼 회화 • 문법 ②」「겡끼 읽기 • 쓰기」로 구성되어 있습니다. 처음 일본어를 배우는 사람들을 위한 교재로, 전 23과로 초급 일본어 학습이 끝나며 대학생은 물론, 고등학생이나 사회인, 일본어를 독학하고자 하는 사람도 효과적으로 일본어를 학습할 수 있습니다.

「겡끼 시리즈」는 종합 교재로서, 일본어의 4가지 기능(듣기 · 말하기 · 읽기 · 쓰기)을 키워, 종합적인 일본어 능력을 높여 가는 것을 목표로 하고 있습니다. 정확하게 문장을 만들 수 있다 해도 유창함이 결여되어 있다거나, 유창하기는 하지만 간단한 문장 밖에 말하지 못한다거나 하는 일이 없도록, 언어 습득의 목표인「정확성」「유창성」「복잡성」을 균형있게 높여 갈 수 있도록 배려했습니다.

2. 구성

「겡끼 읽기 • 쓰기」에서는 일본어의 문자를 배울 수 있을 뿐만 아니라 독해력과 쓰기 능력까지 키워줍니다. 제 1 과에서는 히라가나, 제 2 과에서는 가타카나를 학습한 후에 제 3과 이후 한자를 배우게 됩니다. 제3과 이후의 각 과는 다음과 같은 구성으로 되어 있습니다.

漢字表 한자표에는 그 과에서 배울 새로운 한자가 나와 있습니다. 각 과에서 15개 정도의 한자를 배우게 됩니다. 한 번에 외우기는 무리이지만 매일 조금씩 외우면 충분히 할 수 있습니다. 한자표는 다음과 같은 구성으로 되어 있습니다.

① 한자　② 한자의 읽는 방법　④ 이 한자를 포함한 단어

本	ホン もと	本 (ホン) 책　日本 (ニホン) 일본 日本語 (ニホンゴ) 일본어 山本さん (やまもとさん) 야마모토 씨
	근본 본	(5) 一 十 才 木 本

③ 한자의 뜻 · 음　⑤ 총획수　⑥ 필순

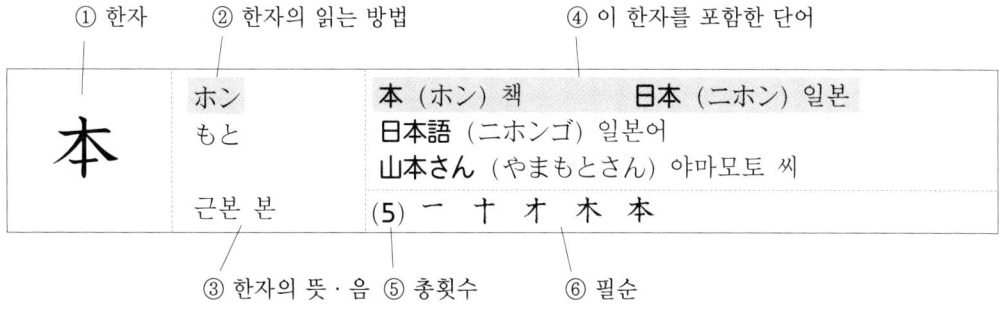

②번과 ④번에서 히라가나로 쓰여져 있는 것은 訓読み(훈독: 한자를 훈으로 읽음)이며, 가타카나로 쓰여져 있는 것은 音読み(음독: 한자를 음으로 읽음), 즉 옛날 중국어의 발음에서 들여온 것입니다. 訓読み도 音読み도 단어 안에서 쓰여질 때 음이 변화하는 경우가 있습니다(예를 들면 学라는 한자는 ガク라고 읽지만, 学校라는 단어 안에서는 ガッ이라고 읽습니다). 이와 같이 파생적으로 읽히는 것도 있습니다. 한자의 읽는 법은 다양하지만 한자표는 초급 수준에 맞추었습니다.
②번과 ④번은 그 과에서 꼭 외워야 하며, 그 이외의 것은 참고로 수록한 것이므로 외우지 않으셔도 됩니다.
각각의 한자는 한자표에 있는 필순을 보면서 漢字練習과 漢字活用에서 여러 번 연습해 주세요.

練習 제1과에서 제12과까지는 한자 연습, 독해 본문과 내용에 관한 질문, 그리고 쓰기 연습이 수록되어 있습니다. 한자 연습은 일부분만 보고 한자를 바르게 써 보는 문제와 한자에서 단어를 만드는 문제 등 다양한 형식의 연습을 통해 한자에 익숙해져 가는 것을 목적으로 하고 있습니다. 독해 본문은 짧고 한자 공부에 친숙해 질 수 있도록 구성되어 있습니다. 「겐끼 회화・문법 ①, ②」에서 배운 문법과 단어의 지식이 전제되어진 것으로 신출단어는 단어표에 수록되어 있습니다. 연습의 마지막은 쓰기 연습으로 다양한 작문을 할 수 있도록 하였습니다.
제13과에서 제23과까지는 독해 본문과 내용에 관한 질문, 그리고 쓰기 연습이 수록되어 있습니다. 독해 본문에는 편지, 이야기, 수필, 광고 등 다양한 분야의 일본어를 다루고 있습니다.
그동안 배운 단어와 문법, 한자의 지식이 전제되어 있고 진도가 나감에 따라 문장이 길어지고, 난이도가 어려워집니다. 신출단어도 본문에서 나온 순서대로 나오며, 연습의 마지막에서는 다양한 작문을 할 수 있습니다.

LESSON 1

ひらがな

あ a	い i	う u	え e	お o
か ka	き ki	く ku	け ke	こ ko
さ sa	し shi	す su	せ se	そ so
た ta	ち chi	つ tsu	て te	と to
な na	に ni	ぬ nu	ね ne	の no
は ha	ひ hi	ふ fu	へ he	ほ ho
ま ma	み mi	む mu	め me	も mo
や ya		ゆ yu		よ yo
ら ra	り ri	る ru	れ re	ろ ro
わ wa				を o
ん n				

Ⅰ. 히라가나 연습

A. 다음 발음에 맞는 히라가나를 고르세요.

1. *yo*	ま	よ	2. *ho*	は	ほ	3. *me*	ぬ	め
4. *su*	む	す	5. *ki*	さ	き	6. *chi*	さ	ち
7. *ta*	た	に	8. *ro*	ろ	る	9. *e*	え	ん

B. 다음 히라가나에 맞는 단어를 알맞게 이으세요.

사람		도시	
1. たなか ·	· 아카이	9. さっぽろ ·	· 기후
2. やまもと ·	· 나카무라	10. きょうと ·	· 벳푸
3. あかい ·	· 다카하시	11. かなざわ ·	· 삿포로
4. はしもと ·	· 다나카	12. おおさか ·	· 오사카
5. たかはし ·	· 모리카와	13. ながさき ·	· 교토
6. なかむら ·	· 사쿠마	14. ぎふ ·	· 가나자와
7. もりかわ ·	· 야마모토	15. べっぷ ·	· 나가사키
8. さくま ·	· 하시모토	16. ちば ·	· 치바

C. 다음 히라가나는 무엇이 틀렸습니까? 히라가나를 바르게 다시 써 보세요.

(1) (2) (3) (4) (5)

D. 다음 부분을 포함하는 히라가나를 있는대로 써 보세요.

(1) 

(2) 

(3) 

(4) 

(5) 

(6) 

E. 다음 히라가나를 예와 같이 바르게 배열하세요.

예 だともち → <u>と</u><u>も</u><u>だ</u><u>ち</u>

1. わんで ＿ ＿ ＿　　2. ごいえ ＿ ＿ ＿

3. んほに ＿ ＿ ＿　　4. えなま ＿ ＿ ＿

5. んせせい ＿ ＿ ＿ ＿　　6. がだいく ＿ ＿ ＿ ＿

Ⅱ. 읽기 연습

다음 사람들이 말하는 것을 듣고 질문에 답하세요.

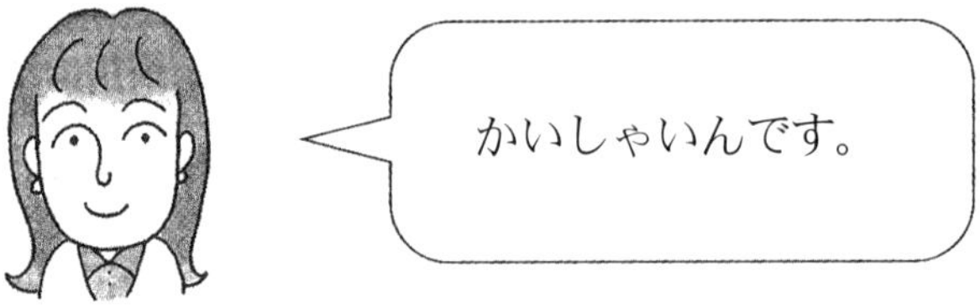

たなか　ゆうこ

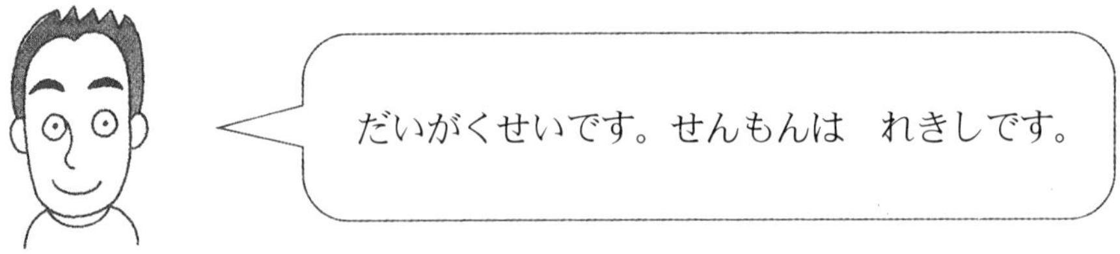

はらだ　りょう

だいがくいんせいです。せんもんは　けいざいです。

かとう　やすお

こうこうの　さんねんせいです。

きたの　ひろみ

だいがくせいです。せんもんは　にほんごです。

やまだ　まこと

1. 회사원은 누구입니까?

2. 전공이 일본어인 사람은 누구입니까?

3. 고등학생은 누구입니까?

4. 하라다의 전공은 무엇입니까?

Ⅲ. 쓰기 연습

일본 친구에게 온 편지입니다. 이것을 읽어 보고, 자기소개를 하면서 답장을 써 보세요.

はじめまして、まえかわみちこです。
にほんじんです。
わたしはだいがくのいちねんせいです。
せんもんはえいごです。
どうぞよろしくおねがいします。

ひらがな

あ	一	ナ	あ		あ	あ	あ					
い	㇒	い			い	い	い					
う	｀	う			う	う	う					
え	｀	え			え	え	え					
お	一	あ	お		お	お	お					
か	つ	カ	か		か	か	か					
き	一	ニ	き	き	き	き	き					
く	く				く	く	く					
け	l	に	け		け	け	け					
こ	‾	こ			こ	こ	こ					
さ	一	ャ	さ		さ	さ	さ					
し	し				し	し	し					
す	一	す			す	す	す					
せ	一	十	せ		せ	せ	せ					
そ	そ				そ	そ	そ					

ひらがな

た	一 ナ ナ た	た	た	た					
ち	一 ち	ち	ち	ち					
つ	つ	つ	つ	つ					
て	て	て	て	て					
と	' と	と	と	と					
な	一 ナ ナ な	な	な	な					
に	| に に	に	に	に					
ぬ	ヽ ぬ	ぬ	ぬ	ぬ					
ね	| ね	ね	ね	ね					
の	の	の	の	の					
は	| に は	は	は	は					
ひ	ひ	ひ	ひ	ひ					
ふ	ヽ ゝ ふ ふ	ふ	ふ	ふ					
へ	へ	へ	へ	へ					
ほ	| に に ほ	ほ	ほ	ほ					

ひらがな

ま	一	ニ	ま	ま	ま	ま					
み		み		み	み	み					
む	一	む	む	む	む	む					
め	丶	め		め	め	め					
も	し	も	も	も	も	も					
や	つ		や	や	や	や					
ゆ		ゆ		ゆ	ゆ	ゆ					
よ	一	よ		よ	よ	よ					
ら	丶	ら		ら	ら	ら					
り		り		り	り	り					
る	る			る	る	る					
れ	丨	れ		れ	れ	れ					
ろ	ろ			ろ	ろ	ろ					
わ	丨	わ		わ	わ	わ					
を	一		を	を	を	を					
ん	ん			ん	ん	ん					

LESSON **2**

カタカナ

ア a	イ i	ウ u	エ e	オ o
カ ka	キ ki	ク ku	ケ ke	コ ko
サ sa	シ shi	ス su	セ se	ソ so
タ ta	チ chi	ツ tsu	テ te	ト to
ナ na	ニ ni	ヌ nu	ネ ne	ノ no
ハ ha	ヒ hi	フ fu	ヘ he	ホ ho
マ ma	ミ mi	ム mu	メ me	モ mo
ヤ ya		ユ yu		ヨ yo
ラ ra	リ ri	ル ru	レ re	ロ ro
ワ wa				ヲ o

ン n

Ⅰ. 가타카나 연습

A. 다음 발음에 맞는 가타카나를 고르세요.

1. *o* オ ア　　2. *nu* ヌ メ　　3. *sa* テ サ

4. *shi* シ ツ　　5. *ku* ワ ク　　6. *ma* マ ム

7. *ru* レ ル　　8. *ho* モ ホ　　9. *yu* エ ユ

B. 다음 단어에 맞는 그림을 골라 표시하세요.

1. (　　) オレンジジュース
2. (　　) フライドポテト
3. (　　) ケーキ
4. (　　) サラダ
5. (　　) チョコレートパフェ
6. (　　) コーヒー
7. (　　) サンドイッチ
8. (　　) ステーキ
9. (　　) スパゲッティ
10. (　　) ピザ
11. (　　) トースト
12. (　　) レモンティー

(a)

(b)

(c)

(d)
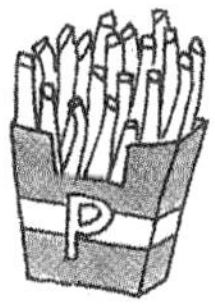

(e)
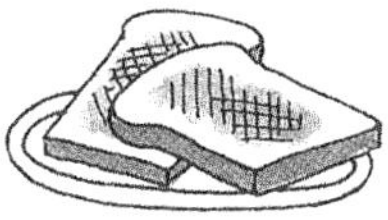

(f)

(g)
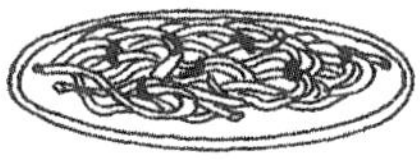

(h)

(i)

(j)
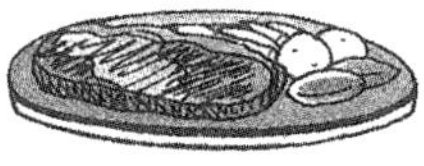

(k)

(l)
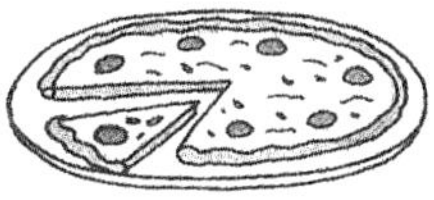

C. 다음 국가의 수도를 바르게 연결하세요.

국가		수도
1. マレーシア	·	· オタワ
2. オランダ	·	· ワシントン DC
3. アメリカ	·	· ニューデリー
4. エジプト	·	· アムステルダム
5. オーストラリア	·	· クアラルンプール
6. スウェーデン	·	· ブエノスアイレス
7. インド	·	· キャンベラ
8. アルゼンチン	·	· カイロ
9. カナダ	·	· ストックホルム

D. 다음 국가 이름을 아래 박스에서 찾아 보세요.

ベトナム
シンガポール
チェコ
アメリカ
スウェーデン
エクアドル
メキシコ
ブラジル
ボスニア
オランダ
インドネシア
カナダ
ルワンダ
タイ
オーストラリア

イ	ン	ド	ネ	シ	ア	イ	ル	ワ	ン	ダ
コ	ウ	モ	リ	ブ	ク	ロ	ク	マ	チ	コ
オ	ー	ス	ト	ラ	リ	ア	ネ	コ	ェ	イ
ラ	タ	ウ	ナ	ジ	ア	メ	キ	シ	コ	ヌ
ン	ヌ	ェ	メ	ル	ヒ	リ	ネ	ズ	ミ	ベ
ダ	キ	｜	ク	ヘ	ル	カ	ナ	ダ	ラ	ト
カ	モ	デ	ジ	ビ	ボ	ス	ニ	ア	ク	ナ
ワ	シ	ン	ガ	ポ	ー	ル	パ	ン	ダ	ム
タ	イ	ゴ	リ	ラ	エ	ク	ア	ド	ル	メ

E. 다음 가타카나를 예와 같이 바르게 배열하세요.

예　キケー　→　ケーキ

1. トノー　＿ ＿ ＿　　2. ニュメー　＿ ＿ ＿ ＿

3. ンペ　＿ ＿　　4. ンジーズ　＿ ＿ ＿ ＿

5. プテー　＿ ＿ ＿　　6. レーナトー　＿ ＿ ＿ ＿ ＿

II. 이름표

다음 박스에 가타카나로 자신의 이름을 쓰고 이름표를 만드세요.

예　マイケル・ジョーダン

マイケル・ジョーダン

III. 읽기 연습

다음 항목에 해당하는 것을 그림에서 찾아 표시하세요.

1. (　　) これは　わたしの　ぼうしじゃありません。
キャシーさんの　ぼうしです。
ニューヨークヤンキースの　ぼうしです。

2. (　　) これは　わたしの　じてんしゃです。
オーストラリアのじてんしゃです。
たかいです。

3. (　　) これは　ミシェルさんの　じしょです。
スペインごの　じしょじゃありません。
フランスごのじしょです。

4. (　　) これは　ジャクソンさんの　くつです。
にほんの　くつじゃありません。
イタリアの　くつです。

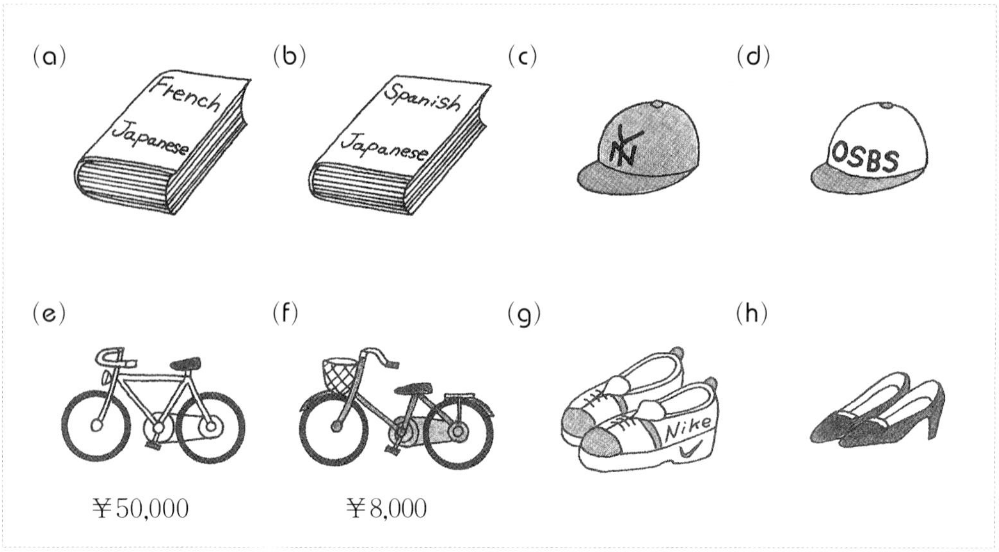

Ⅳ. 쓰기 연습

Ⅲ의 문형을 사용하여 자신 또는 짝이 가지고 있는 물건에 대해 써 보세요.

カタカナ

ア	㇇	ア			ア	ア	ア					
イ	ノ	イ			イ	イ	イ					
ウ	丶		ウ		ウ	ウ	ウ					
エ	一	丅	エ		エ	エ	エ					
オ	一	ナ	オ		オ	オ	オ					
カ	フ	カ			カ	カ	カ					
キ	一	ニ	キ		キ	キ	キ					
ク	ノ	ク			ク	ク	ク					
ケ	ノ	𠂉	ケ		ケ	ケ	ケ					
コ	𠃍	コ			コ	コ	コ					
サ	一	十	サ		サ	サ	サ					
シ	丶	⺀	シ		シ	シ	シ					
ス	フ	ス			ス	ス	ス					
セ	乛	セ			セ	セ	セ					
ソ	丶	ソ			ソ	ソ	ソ					

カタカナ

タ	ノ ク タ	タ	タ	タ					
チ	ノ 二 チ	チ	チ	チ					
ツ	丶 ヽヽ ツ	ツ	ツ	ツ					
テ	一 二 テ	テ	テ	テ					
ト	丨 ト	ト	ト	ト					
ナ	一 ナ	ナ	ナ	ナ					
ニ	一 ニ	ニ	ニ	ニ					
ヌ	フ ヌ	ヌ	ヌ	ヌ					
ネ	丶 ラ ネ ネ	ネ	ネ	ネ					
ノ	ノ	ノ	ノ	ノ					
ハ	ノ ハ	ハ	ハ	ハ					
ヒ	一 ヒ	ヒ	ヒ	ヒ					
フ	フ	フ	フ	フ					
ヘ	ヘ	ヘ	ヘ	ヘ					
ホ	一 ナ 才 ホ	ホ	ホ	ホ					

カタカナ

マ	フ	マ		マ	マ	マ					
ミ	、	ミ	ミ	ミ	ミ	ミ					
ム	㇜	ム		ム	ム	ム					
メ	ノ	メ		メ	メ	メ					
モ	一	二	モ	モ	モ	モ					
ヤ	㇇	ヤ		ヤ	ヤ	ヤ					
ユ	㇕	ユ		ユ	ユ	ユ					
ヨ	㇕	コ	ヨ	ヨ	ヨ	ヨ					
ラ	一	ラ		ラ	ラ	ラ					
リ	丨	リ		リ	リ	リ					
ル	ノ	ル		ル	ル	ル					
レ	レ			レ	レ	レ					
ロ	丨	㇕	ロ	ロ	ロ	ロ					
ワ	丨	ワ		ワ	ワ	ワ					
ヲ	一	二	ヲ	ヲ	ヲ	ヲ					
ン	、	ン		ン	ン	ン					

LESSON 3

まいにちのせいかつ

一	イチ イッ　ひと	一（イチ）일　一時（イチジ）1시 一年生（イチネンセイ）1학년 一分（イップン）일분　一つ（ひとつ）하나
	한 일	(1) 一
二	ニ ふた	二（ニ）이　二時（ニジ）2시 二年生（ニネンセイ）2학년 二つ（ふたつ） 둘
	두 이	(2) 一 二
三	サン みっ	三（サン）삼　三時（サンジ）3시 三年生（サンネンセイ）3학년 三つ（みっつ）셋
	석 삼	(3) 一 二 三
四	よん　よ よっ　シ	四（よん）사　四時（よジ）4시 四年生（よネンセイ）4학년 四つ（よっつ）넷　四月（シガツ）4월
	넷 사	(5) 丨 冂 冂 四 四
五	ゴ いつ	五（ゴ）오　五時（ゴジ）5시 五つ（いつつ）다섯
	다섯 오	(4) 一 丆 万 五
六	ロク　ロッ むっ	六（ロク）육　六時（ロクジ）6시 六百（ロッピャク）육백 六分（ロップン）6분　六つ（むっつ）여섯
	여섯 륙	(4) 丶 亠 亣 六
七	シチ　なな	七（シチ／なな）칠　七時（シチジ）7시 七つ（ななつ）일곱
	일곱 칠	(2) 一 七
八	ハチ　ハッ やっ	八（ハチ）팔　八時（イチジ）8시 八百（ハッピャク）팔백 八歳（ハッサイ）여덟 살　八つ（やっつ）여덟
	여덟 팔	(2) 丿 八

九	キュウ　ク ここの 아홉 구	九（キュウ）구　九時（クジ）9시 九歳（キュウサイ）아홉 살　九つ（ここのつ）아홉 (2) ノ 九
十	ジュウ ジュッ　とお 열 십	十（ジュウ）십　十時（ジュウジ）10시 十歳（ジュッサイ）열 살　十（とお）열 (2) 一 十
百	ヒャク ピャク ビャク 일백 백	百（ヒャク）백　三百（サンビャク）삼백 六百（ロッピャク）육백 八百（ハッピャク）팔백 (6) 一 丆 丆 丙 百 百
千	セン　ゼン 일천 천	千（セン）천　三千（サンゼン）삼천 八千（ハッセン）팔천 (3) ノ 二 千
万	マン 일만 만	一万（イチマン）일만 十万（ジュウマン）십만 百万（ヒャクマン）백만 (3) 一 丁 万
円	エン 둥글 원	百円（ヒャクエン）백엔 円（エン）동그라미, 일본 화폐 단위 (4) 丨 冂 円 円
時	ジ とき 때 시	一時（イチジ）1시 子供の時（こどものとき）어릴 적 時々（ときどき）때때로, 가끔 (10) 丨 冂 日 日 日一 日十 日土 日土 時 時

Ⅰ. 漢字《かんじ》の練習《れんしゅう》

A. 다음 한자로 쓰여 있는 가격을 읽고 숫자를 써 보세요.

예 チョコレート

百五十円
(¥ 150)

(1) ハンカチ

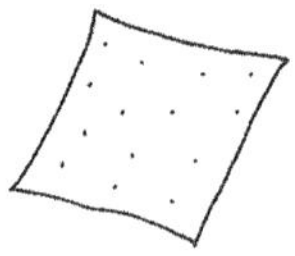

六百五十円
(¥ ______)

(2) せんす

千八百円
(¥ ______)

(3) きもの

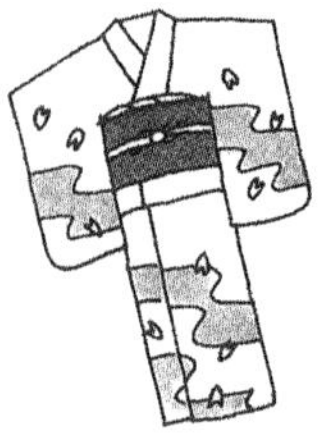

七十一万四千円
(¥ ________)

(4) テレビ

十二万三千円
(¥ ________)

(5) マンション

三千九百万円
(¥ ________)

B. 다음 가격을 한자로 써 보세요.

예 ¥5,420 → 五千四百二十円

1. ¥30 ________
2. ¥140 ________
3. ¥251 ________
4. ¥6,070 ________
5. ¥8,190 ________
6. ¥42,500 ________
7. ¥168,000 ________
8. ¥3,200,000 ________
9. ¥57,000,000 ________

Ⅱ. まいにちのせいかつ

국제 교환 학생의 하루 일과입니다. 다음을 읽고 빈 칸을 채우세요.

わたしはまいにち七時におきます。うちであさごはんをたべます。八時にだいがくへいきます。九時ににほんごをべんきょうします。十二時半《はん》にだいがくでひるごはんをたべます。ときどきコーヒーをのみます。四時にとしょかんでほんをよみます。六時ごろうちへかえります。十時にテレビをみます。十二時ごろねます。

7:00　　________________

(　　)　　학교에 가다

9:00　　________________

(　　)　　점심을 먹다

4:00　　________________

6:00　　________________

(　　)　　TV를 보다

(　　)　　________________

Ⅲ. 書《か》く練習《れんしゅう》

Ⅱ을 참고로 하여 자신의 하루 일과를 써 보세요.

漢字練習

一	一	一	一						
二	二	二	二						
三	三	三	三						
四	四	四	四						
五	五	五	五						
六	六	六	六						
七	七	七	七						
八	八	八	八						
九	九	九	九						
十	十	十	十						
百	百	百	百						
千	千	千	千						
万	万	万	万						
円	円	円	円						
時	時	時	時						

漢字活用

Ⅰ. 다음 숫자를 한자로 써 보세요.

1. 41
2. 300
3. 1,500
4. 2,890
5. 67,000
6. 128,000
7. 1,000,000

Ⅱ. 다음 빈 칸에 알맞은 한자를 써 보세요.

1. A : これはいくらですか。　　B : ________________《ろっぴゃくえん》です。

2. A : いまなん________《じ》ですか。　　B : ________________《じゅうにじ》です。

Ⅲ. 다음 문장을 일본어로 써 보세요.

1. 이 시계는 49,000엔입니다.

2. 저 가방은 5,300엔입니다.

3. 야마나카 씨는 6시에 일어납니다.

4. 가와구치 씨는 7시에 대학에 갑니다.

5. 스즈키 씨는 대개 12시 쯤에 잡니다.

6. 나는 가끔 찻집에서 커피를 마십니다. 커피는 180엔입니다.

LESSON 4

メアリーさんのしゅうまつ

日	ニ　ニチ　び ひ 날 일	日本（ニホン）일본　日曜日（ニチヨウび）일요일 毎日（マイニチ）매일 母の日（ははのひ）어머니 날 (4) 丨 冂 月 日
本	ホン もと 근본 본	本（ホン）책　日本（ニホン）일본 日本語（ニホンゴ）일본어 山本さん（やまもとさん）야마모토 씨 (5) 一 十 才 木 本
人	ジン ひと　ニン 사람 인	日本人（ニホンジン）일본인 一人で（ひとりで）혼자서　この人（このひと）이 사람 三人（サンニン）세 사람 (2) ノ 人
月	ゲツ　ガツ つき 달 월	月曜日（ゲツヨウび）월요일　一月（イチガツ）1월 月（つき）달 (4) 丿 刀 月 月
火	カ ひ 불 화	火曜日（カヨウび）화요일 火（ひ）불 (4) 丶 丷 少 火
水	スイ　みず 물 수	水曜日（スイヨウび）수요일　水（みず）물 (4) 亅 刁 水 水
木	モク き 나무 목	木曜日（モクヨウび）목요일 木（き）나무 (4) 一 十 才 木
金	きん かね 쇠, 금 금	金曜日（キンヨウび）금요일 お金（おかね）돈 (8) ノ 人 亼 亼 仐 全 余 金

土	ド つち 땅, 흙 토	**土曜日**（ドヨウび）토요일 **土**（つち）흙 (3) 一 十 土
曜	ヨウ 요일 요	**日曜日**（ニチヨウび）일요일 (18) 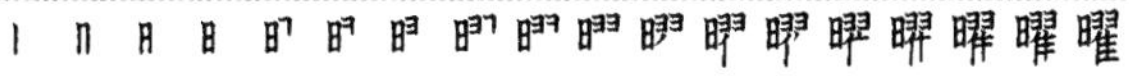
上	うえ ジョウ 위 상	**上**（うえ）위 **上手な**（ジョウズな）잘 하다 **屋上**（オクジョウ）옥상 (3) 丨 ⺊ 上
下	した カ 아래 하	**下**（した）아래 **地下鉄**（チカテツ）지하철　**下手な**（へたな）서툴다 (3) 一 丅 下
中	なか チュウ 가운데 중	**中**（なか）가운데 **中国**（チュウゴク）중국 **中学**（チュウガク）중학교 (4) 丨 冂 口 中
半	ハン 절반, 반 반	**三時半**（サンジハン）3시 반 **半分**（ハンブン）절반 (5) 丶 丷 䒑 兰 半

Ⅰ. 漢字《かんじ》の練習《れんしゅう》

A. 다음 한자에 알맞은 단어를 연결하세요.

1. 水曜日 ·		· 일요일
2. 金曜日 ·		· 월요일
3. 日曜日 ·		· 화요일
4. 月曜日 ·		· 수요일
5. 土曜日 ·		· 목요일
6. 木曜日 ·		· 금요일
7. 火曜日 ·		· 토요일

B. 그림을 보고 빈 칸에 알맞은 한자를 넣으세요.

上	下	中

1. レストランはビル(빌딩)の________です。
2. 日本語《ご》学校《がっこう》はレストランの________です。
3. スーパーはレストランの________です。

Ⅱ. おかあさんへのメモ

다음 메모를 읽고 질문에 답하세요.

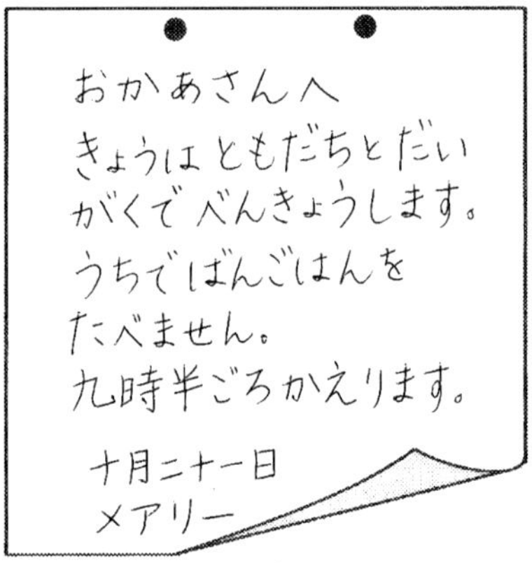

1. メアリーさんはきょうなにをしますか。
2. うちでばんごはんをたべますか。
3. 何《なん》時ごろかえりますか。

Ⅲ. メアリーさんのしゅうまつ

다음은 메리의 주말 계획표입니다. 예문을 읽고 질문에 답하세요.

> 金曜日に日本人のともだちとこうえんにいきました。こうえんでともだちとはなしました。それから、レストランへいきました。たくさんたべました。
>
> 土曜日は一人でおてらへいきました。たくさんみせがありました。みせでおまんじゅうをかいました。
>
> 日曜日はおそくおきました。おかあさんもおそくおきました。わたしはあさテレビをみました。それから、おかあさんとひるごはんをたべました。ごごは日本語《ご》をべんきょうしました。本もよみました。

みせ　가게
おまんじゅう　호빵
おそく　늦게

메리가 한 일을 순서대로 정렬하세요.

(　　) → (　　) → (　　) → (　　) → (　　)

1. 일본어 공부를 했다　　2. 호빵을 샀다　　3. 레스토랑에 갔다
4. TV를 봤다　　5. 공원에 갔다

Ⅳ. 書《か》く練習《れんしゅう》

A. 당신은 지금 외출을 하려고 합니다. 당신이 돌아왔을 때 집에서 식사를 하자는 내용의 메모를 써 보세요.

B. 자신의 주말 계획표를 써 보세요.

漢字練習

日	日	日	日						
本	本	本	本						
人	人	人	人						
月	月	月	月						
火	火	火	火						
水	水	水	水						
木	木	木	木						
金	金	金	金						
土	土	土	土						
曜	曜	曜	曜						
上	上	上	上						
下	下	下	下						
中	中	中	中						
半	半	半	半						

漢字活用

Ⅰ. 다음 단어를 한자로 써 보세요.

1. 일요일
2. 월요일
3. 화요일
4. 수요일
5. 목요일
6. 금요일
7. 토요일

Ⅱ. 다음 빈 칸에 알맞은 한자를 써 보세요.

1. ________《にほん》ご の________《ほん》はかばんの________《なか》です。

2. ________《みず》をのみます。

3. いま、________________《ろくじはん》です。

4. エレベーターは________《うえ》にいきますか。________《した》にいきますか。

5. わたしのともだちは________________《にほんじん》です。

Ⅲ. 다음 문장을 일본어로 써 보세요.

1. 금요일에 일본인 친구와 레스토랑에 갔습니다.

2. 토요일에 10시 반 쯤 일어났습니다.

3. 월요일에 혼자서 절에 갔습니다.

4. 책은 책상 위에 있습니다. 신문은 책 아래에 있습니다.

LESSON 5

りょこう

山	やま サン 뫼 산	山 (やま) 산 富士山 (フジサン) 후지산 (3) 丨 凵 山
川	かわ がわ 내 천	川 (かわ) 강 小川さん (おがわさん) 오가와 씨 (3) 丿 儿 川
元	ゲン 근본, 으뜸 원	元気な (ゲンキな) 건강하다 (4) 一 二 テ 元
気	キ 기운 기	元気な (ゲンキな) 건강하다　天気 (テンキ) 날씨 電気 (デンキ) 전기 (6) 丿 𠂉 𠂉 气 気 気
天	テン 하늘 천	天気 (テンキ) 날씨 天国 (テンゴク) 천국 (4) 一 二 チ 天
私	わたし シ 사사로이 할, 사 사	私 (わたし) 나(1인칭) 私立大学 (シリツダイガク) 사립대학 (7) 丿 二 千 才 禾 私 私
今	いま コン 오늘, 이제 금	今 (いま) 지금　今日 (きょう) 오늘 今晩 (コンバン) 오늘 밤 (4) 丿 人 亼 今
田	た　だ 밭, 논 전	田中さん (たなかさん) 다나카 씨 山田さん (やまださん) 야마다 씨 田んぼ (たんぼ) 논 (5) 丨 冂 冂 田 田

女	おんな ジョ 여자, 계집 녀	**女の人**（おんなのひと）여자 **女性**（ジョセイ）여성 (3) く 女 女
男	おとこ ダン 아들, 사내 남	**男の人**（おとこのひと）남자 **男性**（ダンセイ）남성 (7) 丨 口 罒 田 田 男 男
見	み ケン 볼 견	**見る**（みる）보다 **見物**（ケンブツ）구경 (7) 丨 冂 冃 月 目 貝 見
行	い コウ　ギョウ 갈, 다닐 행	**行く**（いく）가다 **銀行**（ギンコウ）은행　**一行目**（イチギョウめ）첫 행째 (6) ノ ク 彳 彳 彳 行
食	た ショク 먹을 식	**食べる**（たべる）먹다 **食べ物**（たべもの）먹을 것　**食堂**（ショクドウ）식당 (9) ノ 人 亽 今 今 今 食 食 食
飲	の イン 마실 음	**飲む**（のむ）마시다 **飲み物**（のみもの）마실 것 **飲酒運転**（インシュウンテン）음주 운전 (12) ノ 人 亽 今 今 今 食 食 食 飲 飲 飲

Ⅰ. 漢字《かんじ》の練習《れんしゅう》

A. 다음 제시된 부분을 사용해 예와 같이 한자를 바르게 고쳐 쓰세요.

예 目 → 見

1. 良　2. 欠　3. ム　4. 二　5. 力

6. 气　7. 入　8. 良　9. メ　10. 田

B. 다음 상황에 맞는 그림을 골라 표시하세요.

1. (　　) えいがを見ます。
2. (　　) コーヒーを飲みます。
3. (　　) ハンバーガーを食べます。
4. (　　) 男の人と女の人がいます。
5. (　　) 山と川があります。
6. (　　) 今日はいい天気です。
7. (　　) 銀行《ぎんこう》に行きます。

C. 다음 한자에 맞는 단어를 골라 표시하세요.

1. (　　) 一日　2. (　　) 二日　3. (　　) 三日　4. (　　) 四日
5. (　　) 五日　6. (　　) 六日　7. (　　) 七日　8. (　　) 八日
9. (　　) 九日　10. (　　) 十日　11. (　　) 二十日

(a) いつか　(b) ここのか　(c) ついたち　(d) とおか　(e) なのか　(f) はつか
(g) ふつか　(h) みっか　(i) むいか　(j) ようか　(k) よっか

II りょこうのはがき

A. 다음 가타카나에 알맞는 단어를 연결하세요.

1. コーヒー ·	· 케이크
2. コンサート ·	· 커피
3. ウィーン ·	· 카페
4. カフェ ·	· 클래식
5. クラシック ·	· 콘서트
6. ケーキ ·	· 비엔나

B. 다음 엽서를 읽고 요코가 한 일이면 T, 아니면 F를 표시하세요.

1. (　　) 고성을 봤다
2. (　　) 발레를 보러 갔다
3. (　　) 사진을 찍었다
4. (　　) 카페에서 맥주를 마셨다
5. (　　) 즐겁게 즐겼다
6. (　　) 맥도날드에서 먹었다

みちこさんへ

元気ですか。私は今ウィーンにいます。ここはちょっとさむいです。ウィーンはとてもきれいなまちです。

きのうはおしろを見ました。ふるかったですが、とてもきれいでした。たくさんしゃしんをとりました。よるはクラシックのコンサートに行きました。よかったです。

ウィーンにはカフェがたくさんあります。まいにちカフェでコーヒーを飲みます。ケーキも食べます。とてもおいしいです。

四日にかえります。また日本で会いましょうね。

山田ようこ

〒305-0836

つくば市山中42-5

山川みちこさま

Japan

～さま　～씨　　おしろ　성　　また　또, 다시

C. 다음 엽서를 읽고 질문에 답하세요.

1. ロバートさんは今どこにいますか。
2. どんな天気ですか。
3. きのうは　なにをしましたか。
4. 今日は　なにをしましたか。だれとしましたか。
5. おきなわの食べものはどうですか。

305-0836

つくば市山中
四二一五

山川 みちこさま

みちこさん、お元気ですか。今、
私はおきなわにいます。ここは
ちょっとあついですが、いい天気
です。きのうはともだちといっしょ
にうみでおよぎました。今日は
日本人の男の人と女の人と山に
行きました。たいへんでしたが、
とてもきれいでした。まいにちた
のしいです。おきなわの食べもの
もだいすきです。では、お元気で。

十月九日

ロバート・スミス

では、お元気で　그럼, 건강히

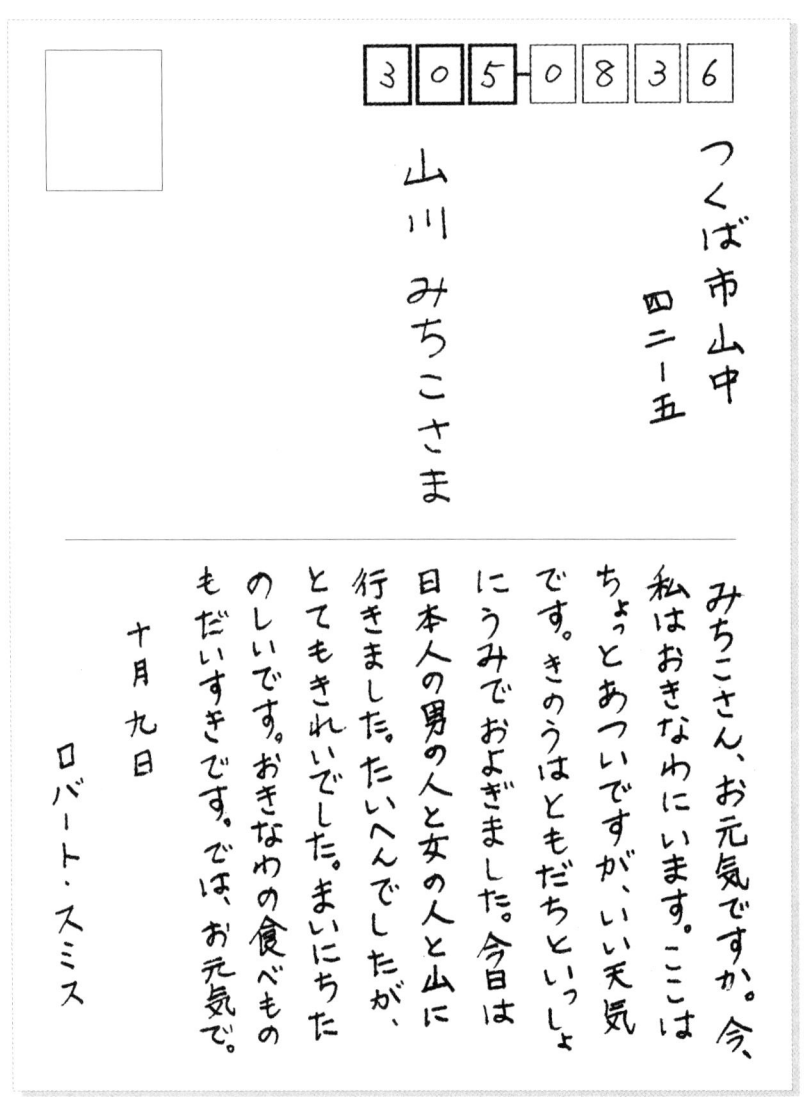

Ⅲ. 書《か》く練習《れんしゅう》

다음은 당신의 일본 친구들의 주소입니다.
엽서에 주소를 옮겨 적고, 자신의 방학에 대해 편지를 써 보세요.

名前《なまえ》	住《じゅう》　所《しょ》
今中ゆみ	〒753-0041　山口《やまぐち》市《し》東山《ひがしやま》36-8
上《うえ》田《だ》一男《かずお》	〒112-0002　文京《ぶんきょう》区《く》小《こ》石川《いしかわ》7-7

漢字練習

山	山	山	山						
川	川	川	川						
元	元	元	元						
気	気	気	気						
天	天	天	天						
私	私	私	私						
今	今	今	今						
田	田	田	田						
女	女	女	女						
男	男	男	男						
見	見	見	見						
行	行	行	行						
食	食	食	食						
飲	飲	飲	飲						

漢字活用

Ⅰ. 다음 빈 칸에 알맞은 한자를 써 보세요.

1. ＿＿＿＿＿＿《げんき》ですか。

2. ＿＿＿＿＿＿《きょう》はいい＿＿＿＿＿《てんき》ですね。

3. あの＿＿＿＿《おとこ》の＿＿＿＿《ひと》は＿＿＿＿＿＿《やまかわ》さんです。

4. あの＿＿＿＿《おんな》の＿＿＿＿《ひと》は＿＿＿＿＿＿《やまだ》さんです。

5. ＿＿＿＿＿《わたし》はきのうレストランに＿＿＿＿＿＿＿＿＿＿《いきました》。

6. ピザを＿＿＿＿＿＿＿＿＿《たべました》。コーヒーを＿＿＿＿＿＿＿＿＿《のみました》。

7. うちでテレビを＿＿＿＿＿＿＿＿＿《みました》。

Ⅱ. 다음 문장을 일본어로 써 보세요.

1. 저는 지금 일본에 있습니다.

2. 다나카 씨는 건강합니다. 야마카와 씨는 건강하지 않습니다.

3. 저는 일본인 남자, 여자와 산에 갔습니다.

4. 화요일에 저는 친구와 저녁을 먹었습니다.

5. 수요일에 저는 술을 많이 마셨습니다. 그리고 나서 비디오를 봤습니다.

LESSON 6

私のすきなレストラン

東	ひがし トウ 동녘 동	東（ひがし）동쪽　東口（ひがしぐち）동쪽 출구 東京（トウキョウ）도쿄 (8) 一 丆 帀 冃 百 申 東 東
西	にし セイ　サイ 서녘 서	西（にし）서쪽　西口（にしぐち）서쪽 출구 北西（ホクセイ）북서 関西（カンサイ）관서 (6) 一 丆 帀 丙 两 西
南	みなみ ナン 남쪽 남	南（みなみ）남쪽　南口（みなみぐち）남쪽 출구 南東（ナントウ）남동 (9) 一 十 广 冇 冇 冇 冇 冇 南
北	きた ホク　ホッ 북녘 북	北（きた）북쪽　北口（きたぐち）북쪽 출구 東北（トウホク）동북 北海道（ホッカイドウ）북해도 (5) 一 丨 丬 丬 北
口	ぐち くち　コウ 입 구	北口（きたぐち）북쪽 출구 口（くち）입　人口（ジンコウ）인구 (3) 丨 冂 口
出	で だ　シュッ シュツ 나타날 출	出る（でる）나가다　出口（でぐち）출구 出す（だす）내다 出席（シュッセキ）출석　輸出（ユシュツ）수출 (5) 丨 十 屮 出 出
右	みぎ ウ　ユウ 오른쪽 우	右（みぎ）오른쪽 右折（ウセツ）우회전 左右（サユウ）좌우 (5) ノ ナ 才 右 右
左	ひだり サ 왼쪽 좌	左（ひだり）왼쪽 左折（サセツ）좌회전 (5) 一 ナ 𠂇 左 左

分	フン　プン ブン 나눌 분	五分（ゴフン）오분 十分（ジュップン）십분 自分（ジブン）자신　　半分（ハンブン）반 (4) ノ　八　分　分
先	セン さき 먼저 선	先生（センセイ）선생 先週（センシュウ）지난 주　先に（さきに）먼저 (6) ノ　⺈　牛　生　生　先
生	セイ う 날 생	学生（ガクセイ）학생　　先生（センセイ）선생님 生まれる（うまれる）태어나다 (5) ノ　⺈　牛　牛　生
大	ダイ　おお 클 대	大学生（ダイガクセイ）대학생 大きい（おおきい）크다 大人（おとな）어른 (3) 一　ナ　大
学	ガク ガッ　まな 배울 학	大学（ダイガク）대학　　学生（ガクセイ）학생 学校（ガッコウ）학교　　学ぶ（まなぶ）배우다 (8) 丶　丷　⺍　⺍　⺌　⺌　学　学
外	ガイ そと 바깥 외	外国（ガイコク）외국 外国人（ガイコクジン）외국인 外（そと）밖 (5) ノ　ク　タ　夕丨　外
国	コク　ゴク くに 나라 국	外国（ガイコク）외국 中国（チュウゴク）중국 国（くに）국가 (8) 丨　冂　冂　冂　冂　国　国　国

Ⅰ. 漢字《かんじ》の練習《れんしゅう》

A. 다음 예와 같이 단어를 만들어 보세요.(한 번 정도는 같은 한자를 사용할 수 있습니다.)

예 外 + 国 → 外国

気　生　外　先　学　天　日　国　今　大

B. 다음 장소는 어디에 있는 것인지 지도에서 찾아 보세요.

1. (　　) レストラン・アルデンテ：えきの中にあります。南口のそばです。
2. (　　) ロイヤルホテル：えきの東口を出て、まっすぐ五分ぐらいです。
3. (　　) 山下先生のうち：北口を出て、右へ十分ぐらいです。
4. (　　) こうえん：西口をまっすぐ十五分ぐらい行ってください。
5. (　　) 大学：北口を出て、左へ十分ぐらい行ってください。

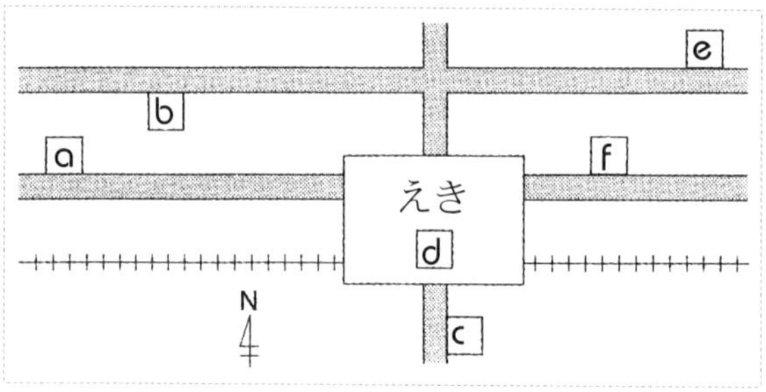

出る	나가다
まっすぐ	곧장, 바로

Ⅱ. でんごんばん

다음 게시판을 보고 질문에 답하세요.

1. 만약 (당신이) 자전거를 사고 싶으면, 누구에게 연락해야 합니까?
2. 파티는 어디서 열립니까? 당신은 무엇을 가지고 가야 합니까?
3. 콘서트홀은 어떻게 갑니까?
4. (당신은) 겨울 휴가동안 (12 월부터 1 월까지) 무엇을 할 수 있습니까?

ホームステイ
プログラム
東北《とうほく》のまちでホームステイをしませんか。
十二月二十八日(日) ～ 一月三日(土)
きれいな山と川のそばです。

えいごをおしえてください。

日本人の大学生です。

９３１－２６８２
ようこ

セール！！
じてんしゃ
¥20,000

あたらしいです。
でんわしてください。
(よる7時 ～ 11時)

山田　597-1651

ハロウィーン　パーティー

ところ：山下先生のうち
じかん：６時～
ともだちをつれてきてもいいですよ！
飲みものをもってきてください。

イタリアンレストラン
マンジャーレ

ランチスペシャル
1,200円
Aセット（サラダ・コーヒー）
Bセツト（パン・コーヒー）

ギターコンサート

9月12日（金）
6：30～

西コンサートホール
（西駅《えき》３出口を出て左へ３分）

Ⅲ. 私のすきなレストラン

메리가 좋아하는 레스토랑에 대해 쓴 글입니다. 다음을 읽고 질문에 답하세요.

私のすきなレストラン

私のすきなレストランは、イタリアりょうりのマンジャーレです。えきの南口を出て、右へ五分ぐらいです。ちいさいレストランです。シェフはイタリア人のアントニオさんです。アントニオさんはとてもおもしろい人です。アントニオさんのりょうりはとてもおいしいです。私はよくマンジャーレに行きます。マンジャーレでワインを飲んで、ピザを食べます。アイスクリームもおいしいです。ここでいつもたくさん食べます。りょうりはやすいですから。外国人もたくさんきます。
みなさんもきてください。

りょうり	요리
いつも	언제나, 항상
みなさん	모두들

A. 레스토랑은 어디입니까?

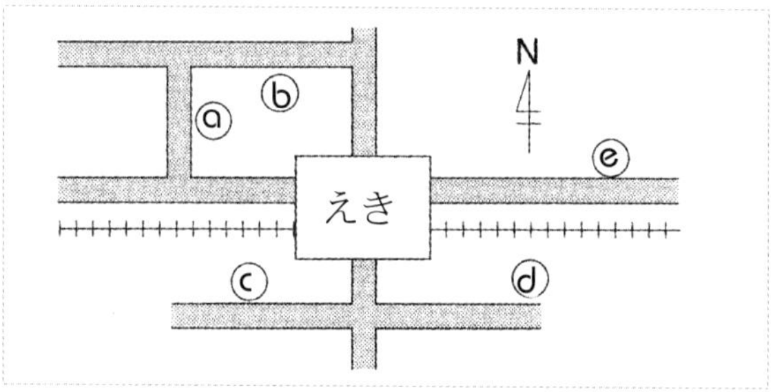

B. 레스토랑에서 메리가 먹은 음식이나 음료에 동그라미 표시를 하세요.

ピザ	スパゲッティ	アイスクリーム
ワイン	ビール	ステーキ

C. 메리의 글과 일치하는 사항을 고르세요.

1. マンジャーレは { 大きい / ちいさい } レストランです。
2. マンジャーレは { たかい / やすい } です。
3. アントニオさんは { おもしろい / つまらない } 人です。
4. マンジャーレに外国人が { きます。 / きません。 }

Ⅳ. 書《か》く練習《れんしゅう》

A. 파티를 열려고 합니다. 무슨 파티인지, 언제 하는지, 어디서 여는지, 무엇을 가져와야 되는지, 어떻게 오는지 등 세부 사항을 써 보세요.

B. 자신이 좋아하는 레스토랑에 대하여 써 보세요.

漢字練習

東	東	東	東						
西	西	西	西						
南	南	南	南						
北	北	北	北						
口	口	口	口						
出	出	出	出						
右	右	右	右						
左	左	左	左						
分	分	分	分						
先	先	先	先						
生	生	生	生						
大	大	大	大						
学	学	学	学						
外	外	外	外						
国	国	国	国						

漢字活用

Ⅰ. 다음 빈 칸에 알맞은 한자를 써 보세요.

1. ________《ひがし》 ________《にし》 ________《みなみ》 ________《きた》

2. ___________《みなみぐち》を________《でて》、________《みぎ》へ________《ごふん》行ってください。

3. ___________《にしぐち》を________《でて》、________《ひだり》へ________《じゅっぷん》行ってください。

4. 山下さんは_____________________《だいがくせい》です。

5. ___________《せんせい》はよく___________《がいこく》に行きます。

Ⅱ. 다음 문장을 일본어로 써 보세요.

1. 저희 대학에는 외국인 선생님이 많이 있습니다.

2. 대학은 은행의 왼쪽입니다.

3. 동쪽 입구를 나와서 오른쪽으로 가 주십시오.

4. 레스토랑은 남쪽 입구의 옆입니다.

5. 레스토랑에서 피자를 먹고, 와인을 마셨습니다.

6. 북쪽 입구에서 20분 기다렸습니다.

LESSON 7

メアリーさんのてがみ

京	キョウ 서울 경	**東京**（トウキョウ）도쿄　**京子**（キョウコ）교코 **京都**（キョウト）교토 (8) 丶 亠 亠 亡 亩 亨 京 京
子	こ シ 아들 자	**子ども**（こども）아이　**女の子**（おんなのこ）여자 아이 **男の子**（おとこのこ）남자 아이 **電子メール**（デンシメール）전자메일 (3) 乛 了 子
小	ちい ショウ 작을 소	**小さい**（ちいさい）작다 **小学校**（ショウガッコウ）초등학교 (3) 亅 亅 小
会	あ　カイ 모일 회	**会う**（あう）만나다　**会社**（カイシャ）회사 **会社員**（カイシャイン）회사원 (6) ノ 人 亼 亼 会 会
社	シャ ジャ 모일, 단체 사	**会社**（カイシャ）회사 **神社**（ジンジャ）신사 (7) 丶 ラ 礻 礻 礻 社 社
父	ちち　とう フ 아버지 부	**父**（ちち）아빠　**お父さん**（おとうさん）아버지 **父母**（フボ）부모 (4) ノ ハ ク 父
母	はは　かあ ボ 어머니 모	**母**（はは）엄마　**お母さん**（おかあさん）어머니 **母語**（ボゴ）모국어 (5) 𠃋 口 母 母 母
高	たか　コウ 비쌀, 높을 고	**高い**（たかい）높다, 비싸다 **高校**（コウコウ）고등학교 (10) 丶 亠 亠 亠 亠 亠 高 高 高 高

校	コウ 학교 교	**学校**（ガッコウ）학교　**高校**（コウコウ）고등학교 **中学校**（チュウガッコウ）중학교 (10) 
毎	マイ 마다 매	**毎日**（マイニチ）매일 **毎週**（マイシュウ）매주 **毎晩**（マイバン）매일 밤 (6) 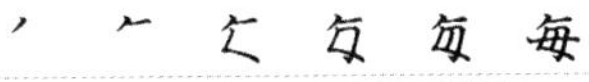
語	ゴ 말씀 어	**日本語**（ニホンゴ）일본어 **英語**（エイゴ）영어 (14) 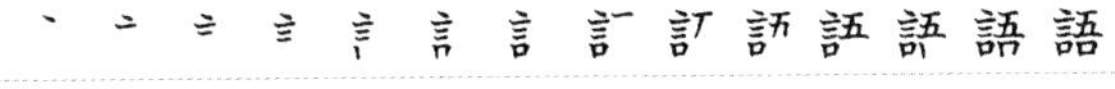
文	ブン 글자 문	**文学**（ブンガク）문학 **作文**（サクブン）작문 (4) 
帰	かえ キ 돌아올 귀	**帰る**（かえる）돌아가다 **帰国**（キコク）귀국 (10) 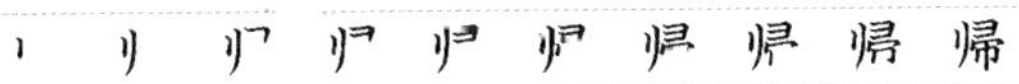
入	はい いり　い ニュウ 들어올 입	**入る**（はいる）들어오다, 들어가다　**入口**（いりぐち） 출구　**入れる**（いれる）넣다 **輸入**（ユニュウ）수입 (2) ノ　入

Ⅰ. 漢字《かんじ》の練習《れんしゅう》

A. 다음 빈 칸에 알맞은 한자를 넣으세요.

1. 日本＿＿学　高＿＿三年生　＿＿と母　　【父　文　校】

2. ＿＿日、＿＿は六時におきます。　　【母　毎】

3. 日本＿＿はよくおふろに＿＿ります。　　【人　入】

4. 東＿＿に行きました。食べものは＿＿かったです。　　【京　高】

B. 이번 과에서 배운 새로운 한자 중에 다음 가타카나 모양이 있는 한자를 써 보세요.

예　エ　→　左

1. ヨ　→　　2. ネ　→　　3. ム　→　　4. ロ　→

C. 다음 한자는 무엇이 틀렸습니까? 다시 바르게 써 보세요.

1.

2.

3.

4.

5.

6.

Ⅱ. メアリーさんのてがみ

다음은 메리가 애리조나에 살고 있는 요코에게 쓴 편지입니다.

京子さんへ

京子さん、お元気ですか。アリゾナはあついですか。日本はすこしさむいです。今、私は日本のかぞくと大学のそばにすんでいます。ここは小さくて、しずかなまちです。

私のかぞくは四人です。みんなとてもしんせつで、たのしいです。お父さんは会社につとめています。いそがしくて、毎日おそく帰ります。お母さんはとてもおもしろい人です。いっしょによく話します。いもうとは高校生です。らいねん大学ですから、よくべんきょうします。毎日学校から帰って、すぐじゅくへ行きます。日本の高校生はたいへんですね。おにいさんは東京の大学に行っていますから、あまり会いません。

私は今、日本語と日本文学のクラスをとっています。テニスクラブにも入っています。とてもおもしろいです。

京子さんはいつ日本に帰りますか。日本で会いましょうね。たのしみにしています。

からだに気をつけてください。

十一月三日

メアリー・ハート

すこし　조금

～から　～부터

じゅく　학원

文学　문학

クラスをとる　수업을 듣다

(～を)たのしみにする　(～을) 기대하다

からだに気をつける　몸조심하다

메리가 쓴 편지를 읽고 다음 주제로 나누어 내용을 정리해 보세요.

1. 일본 :
2. 그녀의 마을 :
3. 아버지 :
4. 어머니 :
5. 여동생 :
6. 오빠 :
7. 학교 :

Ⅲ. 書《か》く練習《れんしゅう》

A. 다음 주제에 대하여 써 보세요.

1. 日本は／私の国は
2. 私のまちは
3. かぞくは
4. ともだちは

B. 일본인 친구에게 편지를 써 보세요.(자신의 집과 부모님, 친구 등에 대해)

漢字練習

京	京	京	京						
子	子	子	子						
小	小	小	小						
会	会	会	会						
社	社	社	社						
父	父	父	父						
母	母	母	母						
高	高	高	高						
校	校	校	校						
毎	毎	毎	毎						
語	語	語	語						
文	文	文	文						
帰	帰	帰	帰						
入	入	入	入						

漢字活用

Ⅰ. 다음 빈 칸에 알맞은 한자를 써 보세요.

1. ＿＿＿＿＿《とうきょう》で＿＿＿＿＿《きょうこ》さんの＿＿＿＿＿《おとうさん》に＿＿＿＿＿《あいました》。

2. ＿＿＿＿＿《おかあさん》は＿＿＿＿＿《まいにち》、＿＿＿＿＿《かいしゃ》に行きます。

3. 今日は何《なん》時に＿＿＿＿＿《かえります》か。

4. このケーキは＿＿＿＿＿《ちいさくて》、＿＿＿＿＿《たかい》です。

5. クラブに＿＿＿＿＿《はいって》います。

6. ＿＿＿＿＿《こうこう》で＿＿＿＿＿《にほんご》と＿＿＿＿＿《ぶんがく》を勉強《べんきょう》しました。

Ⅱ. 다음 문장을 일본어로 써 보세요.

1. 교코 씨의 여동생은 고등학생입니다.

2. 교코 씨의 어머니는 작은 회사에 근무하고 있습니다.

3. 교코 씨의 아버지는 매일 늦게 집에 돌아옵니다.

4. 나는 일본어와 문학을 공부하고 있습니다.

5. 미나미 씨는 영어를 조금 합니다.

日本の会社員

員	イン	**会社員**（カイシャイン）회사원 **店員**（テンイン）점원
	인원 원	(10) 
新	あたら　シン	**新しい**（あたらしい）새롭다 **新聞**（シンブン）신문 **新幹線**（シンカンセン）신칸센
	새로울 신	(13) 
聞	き　ブン	**聞く**（きく）듣다　**新聞**（シンブン）신문
	들을 문	(14) 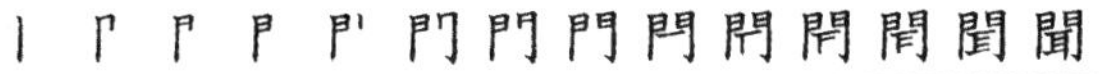
作	つく サク	**作る**（つくる）만들다 **作文**（サクブン）작문
	만들 작	(7) 
仕	シ	**仕事**（シごと）일
	벼슬 사	(5) 
事	ごと こと　ジ	**仕事**（シごと）일 **事**（こと）일, 것　**火事**（カジ）화재
	일 사	(8) 
電	デン	**電車**（デンシャ）전철　**電気**（デンキ）전기 **電話**（デンワ）전화
	전기 전	(13) 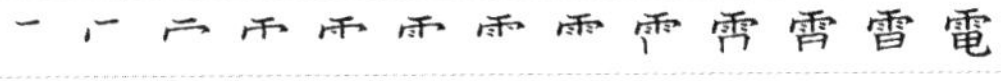
車	くるま　シャ	**車**（くるま）자동차　**電車**（デンシャ）전철 **自転車**（ジテンシャ）자전거
	수레, 바퀴 차	(7) 

休	やす キュウ 쉴 휴	**休む** (やすむ) 쉬다 **休み** (やすみ) 휴식 **休日** (キュウジツ) 휴일 (6) ノ 亻 亻 什 休 休
言	い ゲン 말씀 언	**言う** (いう) 말하다 **言語学** (ゲンゴガク) 언어학 (7) 丶 亠 亠 亠 亠 言 言
読	よ ドク 읽을 독	**読む** (よむ) 읽다 **読書** (ドクショ) 독서 (14) 丶 亠 亠 亠 言 言 言 言 計 計 計 読 読 読
思	おも シ 생각할 사	**思う** (おもう) 생각하다 **不思議な** (フシギな) 이상하다 (9) 丨 冂 田 田 田 田 思 思 思
次	つぎ ジ 다음 차	**次** (つぎ) 다음 **次女** (ジジョ) 차녀 (6) 丶 冫 冫 次 次 次
何	なに　なん 어찌, 무슨 하	**何** (なに) 무엇　**何時** (なんジ) 몇 시 **何人** (なんニン) 몇 명 (7) ノ 亻 亻 仃 何 何 何

Ⅰ. 漢字《かんじ》の練習《れんしゅう》

A. 다음 제시된 부분을 사용해서 예와 같이 한자를 만들어 보세요.

예 㐅 → 文 父

1. 言　　2. 木　　3. 日　　4. 田　　5. イ　　6. 口

B. 다음 문형 뒤에 어울리는 동사를 알맞게 이으세요.

1. 新聞を・	・作る
2. ラジオを・	・休む
3. 仕事を・	・読む
4. 日本語はおもしろいと・	・する
5. カレーを・	・思う
6. 電車に・	・聞く
7. クラスを・	・のる

Ⅱ. 日本の会社員

A. 다음은 마크가 작성한 설문지입니다. 설문지에 답하세요.

アンケート

1. 仕事のストレスがありますか。

 □ はい　□ いいえ

2. よく残業《ざんぎょう》をしますか。

 □ よくする　□ ときどきする　□ ぜんぜんしない

3. 仕事の後《あと》、何をしますか。

4. 休みはたいてい何をしますか。

アンケート 설문지　　残業 (ざんぎょう) 잔업
ストレス 스트레스　　～の後 (～のあと) ～후에

B. 위의 질문에 어떻게 대답하겠습니까?

C. 마크가 설문 조사 후 쓴 레포트입니다.
다음 레포트를 읽고 질문에 답하세요.

日本の会社員

マーク・テイラー

日本の会社員は、電車の中で、ときどき新聞を読んでいますが、たいていみんな寝《ね》ています。みんなとても疲《つか》れていると思います。私はアンケートを作って、会社員十人に聞きました。

まず、「仕事のストレスがありますか」と聞きました。九人は「はい」と答《こた》えました。「仕事が大変《たいへん》で、休みがあまりない」と言っていました。次に、「よく残業《ざんぎょう》をしますか」と聞きました。三人は「よく残業《ざんぎょう》をする」と言っていました。五人は「ときどき残業《ざんぎょう》をする」と言っていました。次に「仕事の後《あと》、何をしますか」と聞きました。六人は「お酒《さけ》を飲《の》みに行く」と言っていました。二人は「カラオケに行く」と言っていました。最後《さいご》に「休みはたいてい何をしますか」と聞きました。七人は「疲《つか》れているから、家《いえ》にいる」と言っていました。

日本の会社員はたくさん仕事をして、ストレスもあります。だから、休みは何もしません。アンケートをして、日本の会社員はとても大変《たいへん》だと思いました。

〜について ～에 관하여
疲れている（つかれている） 피곤해하다
まず 우선
次に 다음에
最後に（さいごに） 마지막에

1. どうしてマークさんはアンケートをしましたか。

2. 何人いましたか。

(a) 仕事のストレスがある。……… ________ 人

(b) よく残業《ざんぎょう》をする。……… ________ 人

(c) ときどき残業《ざんぎょう》をする。……… ________ 人

(d) 仕事の後《あと》、お酒《さけ》を飲む。……… ________ 人

(e) 休みの日は出かけない。……… ________ 人

Ⅲ. 書《か》く練習《れんしゅう》

설문 조사를 한 뒤, 그것을 바탕으로 레포트를 써 보세요.

漢字練習

員	員	員	員						
新	新	新	新						
聞	聞	聞	聞						
作	作	作	作						
仕	仕	仕	仕						
事	事	事	事						
電	電	電	電						
車	車	車	車						
休	休	休	休						
言	言	言	言						
読	読	読	読						
思	思	思	思						
次	次	次	次						
何	何	何	何						

漢字活用

Ⅰ. 다음 빈 칸에 알맞은 한자를 써 보세요.

1. 川口《かわぐち》さんは＿＿＿＿＿＿＿＿＿＿だと＿＿＿＿＿＿＿＿＿＿。
   かいしゃいん　　　　　　おもいます

2. 友《とも》だちは＿＿＿＿＿＿を＿＿＿＿と＿＿＿＿＿いました。
   しごと　　　やすむ　　　いって

3. ＿＿＿＿＿＿＿を＿＿＿＿＿＿＿＿＿＿。
   しんぶん　　　　よみます

4. ＿＿＿＿＿＿＿　＿＿＿＿を買《か》いました。
   あたらしい　　くるま

5. ＿＿＿＿＿＿の＿＿＿＿＿＿は＿＿＿＿＿＿ですか。
   つぎ　　　でんしゃ　　　なんじ

6. ＿＿＿＿＿＿の日にスパゲッティを＿＿＿＿＿＿＿＿＿＿。
   やすみ　　　　　　　　つくりました

Ⅱ. 다음 문장을 일본어로 써 보세요.

1. 저는 전철에서 신문을 읽습니다.

2. 저는 설문지를 만들었습니다.

3. 저는 일본의 회사원은 바쁘다고 생각합니다.

4. 휴일에 무엇을 합니까?

5. 교코 씨는 지난 주 도쿄에 갔다고 말했습니다.

6. 다음 열차는 11시에 옵니다.

LESSON 9

スーさんの日記《にっき》

午	ゴ 낮 오	午前（ゴゼン）오전　午後（ゴゴ）오후 午前中（ゴゼンチュウ）오전중 (4) ノ 𠂉 𠄠 午
後	ゴ　あと　うし 뒤 후	午後（ゴゴ）오후 ～の後（のあと）～한 후　後で（あとで）나중에 後ろ（うしろ）뒤　最後に（サイゴに）마지막에 (9) ノ ク 彳 彳 彳 彳 彳 後 後
前	まえ　ゼン 먼저, 앞 전	前（まえ）앞　午前（ゴゼン）오전 名前（なまえ）이름 (9) 丶 丷 䒑 广 前 前 前 前 前
名	な メイ 이름 명	名前（なまえ）이름 有名な（ユウメイな）유명하다 名刺（メイシ）명함 (6) ノ ク 夕 夕 名 名
白	しろ ハク 흰 백	白い（しろい）하얗다 白紙（ハクシ）흰 종이 (5) ノ 亻 白 白 白
雨	あめ ウ 비 우	雨（あめ）비 雨期（ウキ）우기 (8) 一 冂 冂 币 币 雨 雨 雨
書	か ショ 글 서	書く（かく）쓰다 辞書（ジショ）사전 (10) ㇕ ⺕ ⺕ 肀 聿 聿 聿 書 書 書
友	とも ユウ 벗 우	友だち（ともだち）친구 親友（シンユウ）친한 친구 (4) 一 ナ 方 友

間	カン　あいだ	**時間**（ジカン）시간　**二時間**（ニジカン）2시간 **間**（あいだ）사이 **一週間**（イッシュウカン）일주간
	사이 간	(12) 丨 ｢ ｢ 戸 戸 門 門 門 門 問 間 間
家	いえ カ	**家**（いえ）집 **家族**（カゾク）가족 **家**（うち）집
	집 가	(10) 丶 丶 宀 宀 宀 宁 宂 家 家 家
話	はな　はなし ワ	**話す**（はなす）이야기하다　**話**（はなし）이야기 **電話**（デンワ）전화 **会話**（カイワ）회화
	이야기 화	(13) 丶 亠 亠 言 言 言 言 言 訁 訐 訐 話 話
少	すこ すく　ショウ	**少し**（すこし）조금 **少ない**（すくない）적다 **少々**（ショウショウ）잠깐, 조금
	적을 소	(4) 亅 小 小 少
古	ふる コ	**古い**（ふるい）오래되다 **中古**（チュウコ）중고
	옛 고	(5) 一 十 十 古 古
知	し チ	**知る**（しる）알다 **知人**（チジン）지인
	알 지	(8) 丿 𠂉 𠂉 午 矢 矢 知 知
来	く　き　こ ライ	**来る**（くる）오다　**来ます**（きます）옵니다 **来ない**（こない）오지 않다 **来週**（ライシュウ）다음 주
	올 래	(7) 一 丆 丆 亚 平 来 来

Ⅰ. 漢字《かんじ》の練習《れんしゅう》

A. 다음 빈 칸에 적당한 한자를 넣으세요.

1. この ＿＿＿ いTシャツは五 ＿＿＿ 円でした。　［百　白］

2. ＿＿＿さいケーキを ＿＿＿し食べました。　［小　少］

3. 一時＿＿＿テープを ＿＿＿きました。　［聞　間］

4. 日本 ＿＿＿ を ＿＿＿します。　［話　語］

B. 다음 빈 칸에 적당한 한자를 넣으세요.

1. はじめまして。私の ＿＿＿＿＿ はキムです。　［名前　午前］

2. 毎日たいてい＿＿＿＿＿七時ごろおきます。　［午後　午前］

3. このきものは古いから、＿＿＿＿きものをかいます。　［大きい　新しい］

4. 今日はいい＿＿＿＿だった。でも、あしたは ＿＿＿＿がふると思う。

［元気　天気　白　雨］

5. メアリーのお父さんを＿＿＿＿＿いますか。　［帰って　知って］

Ⅱ. スーさんの日記《にっき》

十一月二十五日（土）　雨

今日はあさから雨がふっていた。午前中は友だちに手紙《てがみ》を書いて、一時間ぐらい音楽《おんがく》を聞いた。昼《ひる》ごろメアリーの家へ行った。白くて、大きい家だった。メアリーのホストファミリーの山本《もと》さんに会った。お父さんはせが高くて、やせている人だった。家で晩《ばん》ごはんを食べた。お母さんは「何もありませんが」と言っていたが、たくさんごちそうがあった。晩《ばん》ごはんはとてもおいしかった。お母さんはとても料《りょう》理《り》が上《じょう》手《ず》だと思う。晩《ばん》ごはんの後、いろいろな話をした。そして、きれいなきものをもらった。お母さんは少し古いと言っていたが、とてもきれいだ。メアリーのホストファミリーはとてもしんせつで楽《たの》しかった。

日記（にっき）	일기	ごちそう	대접, 훌륭한 요리
午前中	오전중	話をする	이야기를 하다
ホストファミリー	홈스테이 가족		

A. 수의 일기를 읽고 수의 하루 일과를 순서대로 나열하세요.

(　　) → (　　) → (　　) → (　　) → (　　)

(a)

(b)

(c)

(d)

(e)

B. 수의 일기의 내용과 일치하면 T, 틀리면 F를 표시하세요.

1. (　　) スーさんは古いきものをもらった。

2. (　　) お父さんはせがひくくて、やせている。

3. (　　) 晩《ばん》ごはんは何もなかった。

4. (　　) スーさんはお母さんの料理《りょうり》が好《す》きだ。

5. (　　) 天気がよくなかった。

6. (　　) メアリーさんのホストファミリーの名前は山田だ。

C. 수가 메리의 홈스테이 가족에게 쓴 편지입니다.
다음 편지를 읽어 보세요.

山本さま

先日はどうもありがとうございました。
とても楽しかったです。りょうではあまり
日本のりょうりを食べませんが、お母さん
のりょうりはとてもおいしかったです。
それから、きものをありがとうございました。
とてもきれいなきものですね。
どうぞかんこくに来てください。私は
ソウルのおもしろいところを知っています
から、あんないします。

十一月二十八日
スー・キム

先日（せんじつ）	요전(날)
りょう	기숙사
あんないする	안내하다

Ⅲ. 書く練習《れんしゅう》

A. 당신은 어제 무엇을 했습니까? 일기를 써 보세요.

B. 누군가에게 감사의 편지를 써 보세요.

편지나 카드에 유용한 표현들

いろいろおせわになりました。 (여러 가지로 신세졌습니다.)

体《からだ》に気をつけてください。 (몸 건강하십시오.)

お会いできるのを楽《たの》しみにしています。(만나길 기대합니다.)

～おめでとう(ございます)。 (～ 축하해(합니다).)

おたんじょうびおめでとう。 (생일 축하해.)

漢字練習

午	午	午	午						
後	後	後	後						
前	前	前							
名	名	名	名						
白	白	白	白						
雨	雨	雨	雨						
書	書	書	書						
友	友	友	友						
間	間	間	間						
家	家	家	家						
話	話	話	話						
少	少	少	少						
古	古	古	古						
知	知	知	知						
来	来	来	来						

漢字活用

Ⅰ. 다음 빈칸에 알맞은 한자를 써 보세요.

1. ______________は__________が降《ふ》っていました。
   ごぜんちゅう　　あめ

2. ________は__________の________に行って、______________。
   ごご　　ともだち　　いえ　　はなしました

3. この________着物《きもの》は ____________ ______________です。
   しろい　　すこし　　ふるい

4. あの人の__________を__________いますか。___________ください。
   なまえ　　しって　　かいて

5. ___________待《ま》ちましたが、スーさんは____________________。
   にじかん　　きませんでした

Ⅱ. 다음 문장을 일본어로 써 보세요.

1. 저는 오후에 친구에게 편지를 썼습니다.

2. 저는 집에서 1시간 동안 책을 읽었습니다.

3. 저는 겐 씨의 아버지와 이야기했습니다. 재미있었습니다.

4. 야마시타 씨의 개 이름은 포치입니다.

5. 제 사전은 조금 오래되었습니다.

6. 저희 집에 와 주세요. 이야기합시다.

LESSON 10

かさじぞう

漢字	読み	例
住	す ジュウ 살 주	住む（すむ）살다 住所（ジュウショ）주소 (7) ノ イ 亻 仁 什 住 住
正	ショウ ただ 바를 정	お正月（おショウガツ）정월 正しい（ただしい）올바르다 (5) 一 丅 下 正 正
年	ネン　とし 해 년	三年生（サンネンセイ）3학년 来年（ライネン）내년　今年（ことし）올해 年（とし）해, 나이 (6) ノ 𠂉 仁 仁 仁 年
売	う バイ 팔 매	売る（うる）팔다 売店（バイテン）매점 (7) 一 十 士 声 声 声 売
買	か 살 매	買う（かう）사다 買い物（かいもの）쇼핑 (12) 丶 冖 冖 罒 罒 罒 罒 胃 胃 胃 買 買
町	まち チョウ 시가지 정	町（まち）마을 北山町（きたやまチョウ）기타야마 마을 町長（チョウチョウ）町(마을)의 장 (7) 丨 冂 冊 田 田 田 町
長	なが チョウ 길 장	長い（ながい）길다 長男（チョウナン）장남 (8) 丨 𠂉 F F 王 镸 镸 長
道	みち ドウ 길 도	道（みち）길 書道（ショドウ）서도　柔道（ジュウドウ）유도 北海道（ホッカイドウ）북해도 (12) 丶 丷 䒑 䒑 产 首 首 首 首 道 道 道

雪	ゆき セツ 눈 설	雪 (ゆき) 눈 新雪 (シンセツ) 새로 내린 눈 (11) 一 丆 厂 帀 币 雨 雨 雨 雪 雪 雪
立	た リツ 세울, 설 립	立つ (たつ) 서다 国立大学 (コクリツダイガク) 국립대학 私立高校 (シリツコウコウ) 사립고등학교 (5) 丶 亠 亠 亣 立
自	ジ 스스로 자	自分 (ジブン) 자신 自動車 (ジドウシャ) 자동차 自転車 (ジテンシャ) 자전거 (6) ′ 丨 冂 冃 白 自
夜	よる よ ヤ 밤 야	夜 (よる) 밤 夜中 (よなか) 한밤중　今夜 (コンヤ) 오늘 밤 (8) 丶 亠 广 广 疒 疒 夜 夜
朝	あさ チョウ 아침 조	朝 (あさ) 아침　今朝 (けさ) 오늘 아침 朝食 (チョウショク) 아침식사 (12) 一 十 十 亠 古 古 卓 卓 朝 朝 朝 朝
持	も ジ 가질 지	持つ (もつ) 들다, 가지다 持ってくる (もってくる) 가지고 오다 所持品 (ショジヒン) 소지품 (9) 一 十 扌 扌 扌 扌 持 持 持

Ⅰ. 漢字《かんじ》の練習《れんしゅう》

A. 제시된 부분을 사용해서 예와 같이 한자를 만들어 보세요.

예 二 → 立

1. 上 → 2. 田 → 3. 雨 → 4. 月 →

5. 白 → 6. 土 → 7. 員 → 8. 自 →

B. 다음 한자의 반대말을 써 보세요.

1. 買う ⇔ ________ 2. すわる ⇔ ________

3. みじかい ⇔ ________ 4. 夜 ⇔ ________

C. 다음 빈 칸에 들어갈 단어를 아래 표에서 찾아 넣으세요.

売	雪	住	買	長	立	持

1. 町で_____をしました。
   쇼핑

2. かさを_____ていますか。
   가지다

3. 本屋《や》では本を_____ています。
   팔다

4. よく_____がふります。
   눈

5. おじいさんの話は_____。
   길었다

6. アパートに_____でいます。
   살다

7. 私の後ろに女の人が_____。
   서 있었다

II. かさじぞう

A. 다음 질문에 답하세요.

1. 日本ではお正月に何をすると思いますか。

2. (그림 1) これはおじぞうさんです。何だと思いますか。

3. (그림 2) このおじいさんとおばあさんがこの話の主人公《しゅじんこう》です。
どんな人だと思いますか。どんな生活《かつ》をしていると思いますか。

1

2

B. 다음 페이지에 있는 일본 동화 “かさじぞう”를 읽어 보세요.

C. 다음 그림을 순서대로 나열하세요.

(　　) → (　　) → (　　) → (　　) → (　　) → (　　)

(a)

(b)

(c)

(d)

(e)

(f)

うちに帰って、おじいさんはおばあさんにおじぞうさんの話をしました。
おばあさんは「おじいさん、いいことをしましたね。」と言いました。
その夜おそく、おじいさんはだれかの声《こえ》を聞きました。
「おじいさん、おじいさん。」
おじいさんは戸《と》を開《あ》けて、びっくりしました。六人のおじぞうさんが立っていました。おじぞうさんはお正月のおもちをたくさん持っていました。
お正月の朝になりました。おじいさんとおばあさんはおもちをたくさん食べました。二人はとてもしあわせでした。

むかしむかし　옛날
かさ　대나무 모자, 갓
お正月　정월
年　해, 년
おもち　떡
売る　팔다
かなしい　슬프다
山道　산길
じぞう　보살
雪　눈
〜に〜をかぶせる
　〜에 〜을 덮어 씌우다
自分　자신
とる　벗다
いいこと　좋은 일
声(こえ)　목소리
戸(と)　문
びっくりする　놀라다
しあわせな　행복하다

D. 내용과 일치하면 T, 틀리면 F를 표시하세요.

1. (　　) おじいさんとおばあさんはお金《かね》持ちだった。
2. (　　) だれもおじいさんのかさを買わなかった。
3. (　　) おじいさんはおじぞうさんにかさを売った。
4. (　　) 雪の中でおじいさんはおじぞうさんを六つ見た。
5. (　　) おじいさんは新しいかさを六つ持っていた。
6. (　　) おばあさんはおじいさんの話を聞いて、かなしくなった。
7. (　　) おじぞうさんはお金《かね》をたくさん持ってきた。
8. (　　) おじいさんとおばあさんのお正月はとてもよかった。

かさじぞう

むかしむかし、山の中におじいさんとおばあさんが住んでいました。おじいさんとおばあさんはうちでかさを作っていました。あしたはお正月です。新しい年がはじまります。でも、おじいさんとおばあさんはお金《かね》がなかったから、お正月のおもちもありませんでした。二人はかさを売って、おもちを買うつもりでした。

おじいさんはかさを持って、町に売りに行きました。でも、だれもかさを買いませんでした。おじいさんはかなしくなりました。

おじいさんは長い山道を歩《ある》いて帰りました。雪がたくさんふっていました。

「あっ！　おじぞうさんだ！」

雪の中におじぞうさんが六つ立っていました。

おじいさんは「おじぞうさん、さむくありませんか。」と聞きました。

おじぞうさんは何も言いませんでした。

「どうぞかさを使《つか》ってください。」

おじいさんはおじぞうさんのあたまの上にかさをかぶせました。

「一つ、二つ、三つ、四つ、五つ。」

かさは五つでした。一人のおじぞうさんはかさがありませんでした。

おじいさんは自分のかさをとりました。

「このかさは古いですが、どうぞ。」と言って、おじぞうさんにかぶせました。

Ⅲ. 書く練習《れんしゅう》

다음 주제 중에 하나를 골라 이야기를 써 보세요.

クリスマス	お正月	ハロウィーン	誕生日《たんじょうび》
感謝祭《かんしゃさい》(추수감사절)		13日の金曜日	

漢字練習

住	住	住	住						
正	正	正	正						
年	年	年	年						
売	売	売	売						
買	買	買	買						
町	町	町	町						
長	長	長	長						
道	道	道	道						
雪	雪	雪	雪						
立	立	立	立						
自	自	自	自						
夜	夜	夜	夜						
朝	朝	朝	朝						
持	持	持	持						

漢字活用

Ⅰ. 다음 빈 칸에 알맞은 한자를 써 보세요.

1. ________、この ________に________つもります。
   らいねん　まち　すむ

2. ________の________に________が降《ふ》りました。
   ことし　おしょうがつ　ゆき

3. ________の時計《とけい》を________、友だちのプレゼントを ________。
   じぶん　うって　かいました

4. ________におじぞうさんが________います。
   みち　たって

5. あしたの________、かさを________きてください。
   あさ　もって

6. ________が________なりました。
   よる　ながく

Ⅱ. 다음 문장을 일본어로 써 보세요.

1. 저는 작은 마을에 살고 있습니다.

2. 어제 아침 눈이 내렸습니다.

3. 저는 오래된 차를 팔아서 새 것을 샀습니다.

4. 야마다 씨는 키가 크고, 머리가 깁니다.

5. 당신은 우산을 가지고 있습니까?

6. 이 길은 밤에 조용해집니다.

LESSON 11

友だち募集《ぼしゅう》

手	て シュ 손 수	手紙（てがみ）편지　歌手（カシュ）가수 手話（シュワ）수화 上手な（ジョウズな）능숙하다 (4) ノ 二 三 手
紙	がみ かみ シ 종이 지	手紙（てがみ）편지　紙（かみ）종이 和紙（ワシ）일본 종이 (10) く 幺 幺 糸 糸 糸 糸 紅 紅 紙
好	す コウ この 좋아할 호	好きな（すきな）좋아하다 好意（コウイ）호의　好み（このみ）좋아함, 기호 (6) く 女 女 女 好 好
近	ちか キン 가까울 근	近く（ちかく）근처　近所（キンジョ）근처 最近（サイキン）최근 中近東（チュウキントウ）중동 (7) ノ 厂 斤 斤 沂 沂 近
明	あか メイ 밝을 명	明るい（あかるい）밝다 明日（あした）내일 説明（セツメイ）설명 (8) 丨 冂 日 日 日 明 明 明
病	ビョウ 병들 병	病院（ビョウイン）병원　病気（ビョウキ）병 重病（ジュウビョウ）중병 急病（キュウビョウ）급병 (10) 丶 亠 广 广 疒 疒 疒 病 病 病
院	イン 집 원	病院（ビョウイン）병원 大学院（ダイガクイン）대학원 美容院（ビヨウイン）미용실 (10) フ 了 阝 阝 阝 阝 阝 阝 阝 院
映	エイ うつ 비칠 영	映画（エイガ）영화 映画館（エイガカン）영화관 映る（うつる）반영하다 (9) 丨 冂 日 日 日 日 日 映 映

画	ガ カク	映画（エイガ）영화 画家（ガカ）화가　　計画（ケイカク）계획
	그림 화	(8) 一 丆 币 而 而 亜 画 画
歌	うた　カ	歌う（うたう）노래부르다　　歌（うた）노래 歌手（カシュ）가수 国歌（コッカ）국가
	노래 가	(14) 一 丆 可 可 可 哥 哥 哥 哥 哥 哥 歌 歌 歌
市	シ いち	川口市（かわぐちシ）가와구치시 市役所（シヤクショ）시청　市長（シチョウ）시장 市場（いちば）시장
	시가 시	(5) 丶 亠 亠 亣 市
所	ところ　ジョ どころ　ショ	いろいろな所（いろいろなところ）여러 곳 近所（キンジョ）근처 台所（ダイどころ）부엌　住所（ジュウショ）주소
	처소, 곳 소	(8) 一 ㇇ 彐 戸 戸 所 所 所
勉	ベン つと	勉強する（ベンキョウする）공부하다 勉める（つとめる）힘쓰다, 노력하다 勤勉な（キンベンな）근면하다
	힘쓸, 부지런할 면	(10) ノ ク 各 各 各 各 免 免 勉 勉
強	キョウ　つよ ゴウ	勉強する（ベンキョウする）공부하다 強い（つよい）강하다 強情な（ゴウジョウな）고집이 세다
	강할 강	(11) ㇆ ㇇ 弓 弘 弘 弘 弘 弘 強 強 強
有	ユウ あ	有名な（ユウメイな）유명하다 有料（ユウリョウ）유료 有る（ある）있다
	가질 유	(6) ノ ナ 十 冇 有 有
旅	リョ たび	旅行（リョコウ）여행 旅館（リョカン）여관 一人旅（ひとりたび）혼자 하는 여행
	나그네, 여행할 려	(10) 丶 亠 方 方 方 方 方 方 旅 旅

Ⅰ. 漢字《かんじ》の練習《れんしゅう》

A. 다음 제시된 부분들을 합쳐서 이번 과에 새로 나온 한자로 만들어 보세요.

糸　月　方　日　哥　女　衣
氏　弓
子　欠　免　虫　力

B. 다음 빈 칸에 공통으로 들어갈 한자를 써 보세요.

(1)

歌	□
	紙

(2)

□	く
所	

(3)

有	□
	前

(4)

□	院
気	

Ⅱ. 友だち募集《ぼしゅう》

A. 다음 질문에 답하세요.

1. あなたの国には友だち募集《ぼしゅう》の雑誌《ざっし》がありますか。
2. あなたは雑誌《ざっし》で友だちを募集《ぼしゅう》したことがありますか。
   友だちを募集《ぼしゅう》している人に手紙を書いたことがありますか。

B. 다음 잡지의 「友だち募集《ぼしゅう》」를 읽어 보세요.

友だちになってください

大学三年生です。専門《せんもん》はフランス文学です。スポーツが大好きで、休みの日には、テニスをしたり、サッカーをしたりしています。カラオケにもよく行きます。今度《こんど》いっしょに遊《あそ》びませんか。

水野《みずの》　裕子《ゆうこ》（20歳《はたち》／女）

手紙ください！

会社員です。川口市に住んでいます。アウトドアが好きで、休みの日は車で近くの山や川に行きます。将来《しょうらい》は外国の山に登《のぼ》りたいと思っています。山に登《のぼ》るのが好きな人、手紙ください。

松本《まつもと》　明《あきら》（23歳《さい》／男）

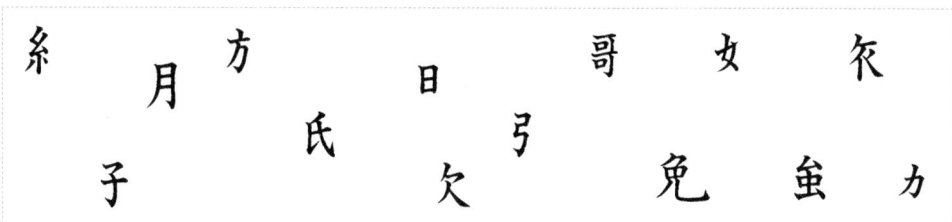

彼女募集《かのじょぼしゅう》！

20歳《はたち》から25歳《さい》ぐらいで、明るくて、やさしくて、たばこを吸《す》わない人。髪《かみ》が長い人が好きです。ぼくは病院に勤《つと》めています。趣味《しゅみ》はドライブと映画です。会って、いろいろ話しましょう。

中村《なかむら》 ひろし
(26歳《さい》／男)

いっしょにバンドをやりませんか

ロックが好きな女の子です。ギターをひくのが好きで、将来《しょうらい》は歌手になりたいと思っています。私といっしょにバンドをやりませんか。それからコンサートにもいっしょに行きましょう！

岡田《おかだ》 香《かおり》
(18歳《さい》／女)

～募集（ぼしゅう）	～ 모집	アウトドア	야외 활동
彼女（かのじょ）	여자 친구	近く	근처
明るい	밝다	川	강
趣味（しゅみ）	취미	バンド	밴드

C. 다음 사항에 해당하는 사람의 이름을 쓰세요.

1. 18 살인 사람 (　　　　　　　) さん
2. 대학생인 사람 (　　　　　　　) さん
3. 영화를 좋아하는 사람 (　　　　　　　) さん
4. 등산을 좋아하는 사람 (　　　　　　　) さん
5. 여자 친구를 찾는 사람 (　　　　　　　) さん

D. 다음 질문에 답하세요.

1. 水野《みずの》さんはどんなスポーツをしますか。
2. 水野《みずの》さんの専門《せんもん》は何ですか。
3. 中村《なかむら》さんはどんな人が好きですか。
4. 松本《まつもと》さんは車を運転《うんてん》しますか。

5. 岡田《おかだ》さんは何になりたいと思っていますか。

6. あなたはどの人に手紙を書きたいですか。どうしてですか。

E. 잡지의 친구 모집 광고를 보고 카렌이 마츠모토에게 쓴 편지입니다. 다음 편지를 읽고 질문에 답하세요.

松本《まつもと》 明《あきら》 様《さま》

はじめまして。雑誌《ざっし》を見ました。私も川口市に住んでいます。近所ですね。私はカナダ人の留《りゅう》学生です。一月に日本に来ました。今、日本語や日本文化《ぶんか》を勉強しています。私もアウトドアが大好きで、山に登《のぼ》ったり、つりをしたりするのが好きです。旅行も好きです。外国は、シンガポールやニュージーランドに行ったことがあります。日本では、まだあまり旅行していませんが、これからいろいろな所に行くつもりです。古いお寺《てら》や神社《じんじゃ》を見たいと思っています。日本の有名な祭《まつ》りも見たいです。スポーツはバスケットが好きです。日本人の友だちをたくさん作って、日本語でいろいろなことを話したいと思っています。よかったら、お返事《へんじ》ください。

三月二十一日

カレン・ミラー

文化(ぶんか)	문화	祭り(まつり)	마쯔리, 축제
つり	낚시	お返事(おへんじ)	답장
神社(じんじゃ)	신사		

1. カレンさんはいつ日本に来ましたか。

2. カレンさんは何をするのが好きですか。

3. カレンさんは日本でどこに行きたいと思っていますか。

Ⅲ. 書く練習《れんしゅう》

A. 펜팔 편지를 써 보세요.

B. Ⅱ-B 의 어떤 사람과 친구가 되고 싶습니까? 그 사람에게 편지를 써 보세요.

漢字練習

手	手	手	手						
紙	紙	紙	紙						
好	好	好	好						
近	近	近	近						
明	明	明	明						
病	病	病	病						
院	院	院	院						
映	映	映	映						
画	画	画	画						
歌	歌	歌	歌						
市	市	市	市						
所	所	所	所						
勉	勉	勉	勉						
強	強	強	強						
有	有	有	有						
旅	旅	旅	旅						

漢字活用

Ⅰ. 다음 빈 칸에 알맞은 한자를 써 보세요.

1. 友だちから＿＿＿＿＿＿＿＿をもらいました。とても ＿＿＿＿＿＿＿＿人です。
   てがみ　　　　　　　　　　　　あかるい

2. ＿＿＿＿＿を見たり、＿＿＿＿＿＿＿＿して、日本語を ＿＿＿＿＿＿＿＿します。
   えいが　　　　うたったり　　　　　　　べんきょう

3. 家の＿＿＿＿＿＿＿に＿＿＿＿＿＿＿＿＿があります。
   ちかく　　　　びょういん

4. 父は＿＿＿＿＿＿＿＿が＿＿＿＿＿＿＿＿です。
   りょこう　　　　すき

5. 鎌倉《かまくら》＿＿＿＿に住んでいます。とても＿＿＿＿＿＿＿な＿＿＿＿＿＿です。
   し　　　　　　　　ゆうめい　　　ところ

Ⅱ. 다음 문장을 일본어로 써 보세요.

1. 저는 휴일에 영화를 보기도 하고, 노래를 부르기도 합니다.

2. 제 친구는 근처에 살고 있습니다.

3. 저는 여러 곳을 여행했습니다.

4. 내일 병원에 가고 싶지 않습니다.

5. 장래 유명해지고 싶습니다.

6. 나에게 편지를 써 주세요.

7. 외국어를 공부한 적이 없습니다.

LESSON 12

七《たな》夕《ばた》

昔	むかし 옛 석	昔（むかし）옛날 昔話（むかしばなし）옛날 이야기 (8) 一 十 廾 丗 丗 昔 昔 昔
々	한자의 중복을 나타내는 표시	昔々（むかしむかし）옛날 옛날에 人々（ひとびと）사람들 時々（ときどき）가끔　色々な（いろいろな）여러 가지 (3) ノ ク 々
神	かみ　ジン シン 신 신	神さま（かみさま）신　　神社（ジンジャ）신사 神道（シントウ）신도 (9) 丶 ラ ネ ネ 礻 礻 礻 神 神
早	はや ソウ 이를, 일찍 조	早い（はやい）빠르다 早起きする（はやおきする）일찍 일어나다 早朝（ソウチョウ）이른 아침 (6) 丨 冂 日 日 旦 早
起	お キ 일어날 기	起きる（おきる）일어나다 起こす（おこす）일으키다 起立する（キリツする）기립하다 (10) 一 十 土 丰 丰 走 走 起 起 起
牛	うし ギュウ 소 우	牛（うし）소 牛乳（ギュウニュウ）우유　牛肉（ギュウにく）쇠고기 (4) ノ 𠂉 ⺧ 牛
使	つか シ 시킬 사	使う（つかう）사용하다 大使（タイシ）대사 使用中（シヨウチュウ）사용중 (8) ノ 亻 仁 仁 佢 佢 伂 使
働	はたら ばたら　ドウ 움직일 동	働く（はたらく）일하다 共働き（ともばたらき）맞벌이 労働（ロウドウ）노동 (13) ノ 亻 仁 仁 仁 佢 佢 佰 俥 俥 僅 僮 働

連	つ レン 이을, 연할 련	連れて帰る（つれてかえる）데리고 돌아가다 国連（コクレン）유엔 連休（レンキュウ）연휴 (10) 一 丆 币 百 亘 亘 車 連 連 連
別	わか　ベツ 다를, 헤어질 별	別れる（わかれる）헤어지다　別に（ベツに）특별히 特別な（トクベツな）특별하다　差別（サベツ）차별 別々に（ベツベツに）따로따로 (7) 丨 冂 口 号 另 別 別
度	ド 횟수, 정도 도	一度（イチド）한번　今度（コンド）다음 번 温度（オンド）온도 三十度（サンジュウド）30도 (9) 丶 亠 广 广 庐 庐 庐 度 度
赤	あか セキ 붉을 적	赤（あか）빨강　赤い（あかい）빨갛다 赤ちゃん（あかちゃん）아기　赤道（セキドウ）적도 赤十字（セキジュウジ）적십자 (7) 一 十 土 圥 赤 赤 赤
青	あお セイ 푸를 청	青（あお）파랑　青い（あおい）파랗다 青年（セイネン）청년 (8) 一 十 キ 主 丰 青 青 青
色	いろ シキ　ショク 색 색	色（いろ）색 色々な（いろいろな）여러 가지　景色（ケシキ）경치 特色（トクショク）특색 (6) ノ ク 勹 刍 刍 色

Ⅰ. 漢字《かんじ》の練習《れんしゅう》

A. 다음 히라가나와 한자, 해석을 바르게 연결하세요.

예 むかし ·	· 早 ·	· 사용하다
1. はや(い) ·	· 青 ·	· 소
2. お(きる) ·	· 昔 ·	· 일어나다
3. つか(う) ·	· 牛 ·	· 빠르다
4. わか(れる) ·	· 色 ·	· 색
5. あか ·	· 赤 ·	· 옛날
6. あお ·	· 起 ·	· 헤어지다
7. いろ ·	· 別 ·	· 파랑
8. うし ·	· 使 ·	· 빨강

B. 이번 과에서 배운 새로운 한자 중에 다음 가타카나 모양이 있는 한자를 써 보세요.

1. マ →　　2. ネ →　　3. カ →　　4. ヌ →

C. 제시된 한자에 공통으로 들어간 부분이 있는 한자를 이번 과에서 배운 한자 중에서 찾아 쓰세요.

예 朝　前 → 青

1. 住　仕　　2. 道　近　　3. 万　旅

Ⅱ. 七《たな》夕《ばた》

A. 그림을 보세요. 이것은 무엇일까요? 七夕《たなばた》에 만듭니다.

B. 七夕《たなばた》이야기를 읽어 보세요.

七月七日は七夕《たなばた》です。これは七夕《たなばた》の話です。

昔々、天に神さまが住んでいました。娘《むすめ》が一人いて、名前はおりひめでした。おりひめはとてもまじめで、毎日、朝早く起きてはたを織《お》っていました。

ある日、神さまは思いました。

「おりひめはもう大人《おとな》だ。結婚《けっこん》したほうがいいだろう。」

神さまはまじめな男の人を見つけました。天《あま》の川《がわ》の向《む》こうに住んでいる人で、名前はひこぼしでした。ひこぼしは牛を使って、畑《はたけ》で働いていました。

おりひめとひこぼしは結婚《けっこん》しました。二人はとても好きになりました。いつもいっしょにいて、ぜんぜん働きませんでした。

神さまは怒《おこ》りました。でも二人は仕事をしませんでした。

神さまはとても怒《おこ》って、おりひめを家に連れて帰りました。二人は別れなくてはいけませんでした。おりひめはひこぼしに会いたくて、毎日泣《な》いていました。

神さまは二人がかわいそうだと思って、言いました。

「おりひめ、ひこぼし、あなたたちは一年に一度だけ会ってもいい。それは七月七日の夜だ。おりひめ、あなたはその日、天《あま》の川《がわ》の向《む》こうに行ってもいい。でも、朝までに帰らなくちゃいけない。」

一年に一度、七夕《たなばた》の夜におりひめとひこぼしは会います。二人の願《ねが》いはかなうのです。

この日、私たちは赤や青などいろいろな色のたんざくに願《ねが》いを書きます。七夕《たなばた》の日の願いはかなうと人々は言います。ある子供《ども》は「いい成績《せいせき》を取《と》りたい」と書きます。ある人は「すてきな人に会いたい」と書きます。あなたは七夕《たなばた》の日にどんな願《ねが》いを書きますか。

天	하늘	怒る(おこる)	화내다
神さま	신	連れて帰る	데리고 돌아가다
娘(むすめ)	딸	泣く(なく)	울다
まじめな	성실하다	かわいそうな	불쌍하다, 가엾다
はたを織る(おる)	베를 짜다	一年に一度	일년에 한 번
ある～	어느～	～までに	～까지
(ある日	어느 날)		
大人(おとな)	성인	願い(ねがい)	부탁
見つける	찾다	かなう	이루어지다
天の川(あまのがわ)	은하수	私たち	우리들
向こう(むこう)	저쪽, 맞은편	いろいろな	여러 가지
牛	소	たんざく	작은 종이(부적)
畑(はたけ)	밭	人々	사람들

C. 다음 질문에 답하세요.

1. おりひめはどんな人ですか。

2. ひこぼしはどんな人ですか。

3. どうして神さまは怒《おこ》りましたか。

4. 七月七日におりひめは何をしますか。

5. どうして私たちは七夕《たなばた》の日にたんざくに願《ねが》いを書きますか。

6. 神さまはやさしい人だと思いますか。どうしてですか。

Ⅲ. 書く練習《れんしゅう》

자신의 소원을 써 보세요. 어떤 소원을 썼습니까? 이유도 함께 써 주세요.

漢字練習

昔	昔	昔	昔						
々	々	々	々						
神	神	神	神						
早	早	早	早						
起	起	起	起						
牛	牛	牛	牛						
使	使	使	使						
働	働	働	働						
連	連	連	連						
別	別	別	別						
度	度	度	度						
赤	赤	赤	赤						
青	青	青	青						
色	色	色	色						

漢字活用

Ⅰ. 다음 빈 칸에 알맞은 한자를 써 보세요.

1. ________________、ある所に________________がいました。
   むかしむかし　　　　　　　かみさま

2. __________を__________________、____________________います。
   うし　　　　つかって　　　　　はたらいて

3. 毎日、朝__________________、____________________。
   はやく　　　　　　おきます

4. 大人《おとな》は_________ ______、子どもは_________ ______のT《ティー》シャツを着《き》ています。
   あかい　いろ　　　　あおい　いろ

5. ____________の休みに、友だちを_______________ ____________________。
   こんど　　　　　　　　　　つれて　　　　かえります

6. そこで、友だちと______________________________。
   わかれました

Ⅱ. 다음 문장을 일본어로 써 보세요.

1. 저는 빨강과 파랑이 좋습니다.

2. 다음 번, 영화 보러 가자.

3. 아침 일찍 일어나는 것을 좋아하지 않습니다.

4. 당신과 헤어지고 싶지 않습니다.

5. 전화를 사용해도 됩니까?

6. 이번 주말, 일을 해야 합니다.

MEMO

日本のおもしろい経験《けいけん》

物	もの ブツ 사물, 물건 물	食べ物（たべもの）먹을 것　物（もの）것 買い物（かいもの）쇼핑 動物（ドウブツ）동물 (8) ノ 𠂉 ⺧ 牛 牜 牞 物 物
鳥	とり チョウ 새 조	鳥（とり）새 焼き鳥（やきとり）닭꼬치 白鳥（ハクチョウ）백조 (11) ノ 亻 户 户 自 自 鳥 鳥 鳥 鳥 鳥
料	リョウ 값, 헤아릴 료	料理（リョウリ）요리　料金（リョウキン）요금 授業料（ジュギョウリョウ）수업료 給料（キュウリョウ）급여 (10) 丶 丷 䒑 半 米 米 米 米 料 料
理	り 다스릴, 이치 리	料理（リョウリ）요리 理由（リユウ）이유 (11) 一 丅 干 王 王 玑 玥 珇 理 理 理
特	トク トッ 특별한 특	特に（トクに）특히 特別な（トクベツな）특별하다 特急電車（トッキュウデンシャ）특급열차 (10) ノ 𠂉 ⺧ 牛 牜 牜 牜 牜 特 特
安	やす アン 값쌀, 편안 안	安い（やすい）싸다 安心（アンシン）안심　不安な（フアンな）불안하다 (6) 丶 丷 宀 㝉 安 安
飯	ハン 밥, 먹을 반	ご飯（ごハン）밥 朝ご飯（あさごハン）아침밥 (12) ノ 人 𠆢 今 今 今 食 食 飠 飣 飯 飯
肉	ニク 고기 육	肉（ニク）고기 牛肉（ギュウニク）쇠고기 肉屋（ニクや）정육점 (6) 丨 冂 内 内 肉 肉

悪	わる アク 나쁠 악	**悪い**（わるい）나쁘다 **気分が悪い**（キブンがわるい）기분이 나쁘다 **最悪**（サイアク）최악　**悪魔**（アクマ）악마 (11) 一 丆 丂 亓 币 亜 亜 亜 悪 悪 悪
体	からだ タイ 몸 체	**体**（からだ）몸 **体重**（タイジュウ）체중 **体操**（タイソウ）체조 (7) ノ 亻 仁 什 什 休 体
空	クウ そら　あ　から 빌 공	**空港**（クウコウ）공항　**空気**（クウキ）공기 **空**（そら）하늘　**空く**（あく）비다 **空手**（からて）가라데 (8) 丶 ⺀ 宀 宂 穴 空 空 空
港	コウ みなと 항구 항	**空港**（クウコウ）공항 **神戸港**（コウベコウ）고베항 **港**（みなと）항 (12) 丶 冫 氵 汀 汁 汫 洪 洪 洪 港 港 港
着	つ　き チャク 입을 착	**着く**（つく）도착하다　**着る**（きる）입다 **着物**（きもの）기모노 **大阪着**（おおさかチャク）오사카 도착 (12) 丶 丷 䒑 𦍌 羊 羊 差 差 着 着 着 着
同	おな ドウ 같을 동	**同じ**（おなじ）같다 **同時**（ドウジ）동시 (6) 丨 冂 冂 冋 同 同
海	うみ カイ 바다 해	**海**（うみ）바다 **日本海**（ニホンカイ）일본해 **海外**（カイガイ）해외 (9) 丶 冫 氵 氵 汇 汇 海 海 海
昼	ひる チュウ 낮 주	**昼**（ひる）낮　**昼ご飯**（ひるごハン）점심밥 **昼食**（チュウショク）점심 식사 (9) ㇕ コ 尸 尺 尺 昼 昼 昼 昼

I. 漢字《かんじ》の練習《れんしゅう》

A. 다음 제시된 발음으로 한자를 읽고, 외워 보세요.

国(くに)　　　　気分(キブン)　　　　一生(イッショウ)

時(とき)　　　　高校生(コウコウセイ)

B. 다음 한자를 읽어 보세요(답은 아래에 있습니다).

1. 毎日　2. ある日　3. 一度　4. 午後

5. 持つ　6. 会社員　7. 住む　8. 電車の中

9. 読む　10. 話す　11. 聞く

II. 日本のおもしろい経験《けいけん》

単《たん》語《ご》

- 経験(けいけん)　경험
- 特に(とくに)　특히
- めずらしい　신기하다
- ～など　～등
- なんでも　어떤 것도
- ニヤニヤする　히죽거리다
- 不安な(ふあんな)　불안하다
- 気分が悪い(きぶんがわるい)　기분이 나쁘다
- 体(からだ)　몸
  体にいい(からだにいい)　몸에 좋다
- 一生に一度(いっしょうにいちど)
  일생에 한 번
- やっぱり　역시
- もう～ない　더 이상 ～않다

[I-B] 답　1. まいにち　2. あるひ　3. いちど　4. ごご　5. もつ　6. かいしゃいん　7. すむ
8. でんしゃのなか　9. よむ　10. はなす　11. きく

A. 다음 질문에 답하세요.

1. (1)～(4)は日本の食べ物です。下のa-dのどの写真《しゃしん》だと思いますか。

(1)（　　）うめぼし

(2)（　　）のり

(3)（　　）すき焼《や》き

(4)（　　）焼《や》き鳥

a.

b.

c.

d.

2. 日本料理の中で何が一番《いちばん》好きですか。

B. 다음은 유학생 에이미가 일본 음식에 대하여 쓴 글입니다. 읽어 보세요.

私は日本料理が大好きです。特にすき焼《や》きや焼《や》き鳥が好きです。国では日本料理は安くないからあまり食べられませんでした。今、毎日食べられるので、とてもうれしいです。日本にはめずらしい食べ物がたくさんあります。国では、うめぼし、のりなどを見たことも聞いたこともありませんでした。私はめずらしい物に興味《きょうみ》があるので、おいしそうな食べ物は、なんでも食べてみます。

ある日、ホストファミリーと晩《ばん》ご飯を食べに行きました。なべ*の中に野菜《やさい》や肉がたくさんありました。私は「これは何の肉？ 鳥の肉？」と聞きました。お父さんは「食べてみて。おいしいから」と言いました。「どう？ おいしい？」「はい、とても。でも、何ですか？」みんなはニヤニヤして、何も言いません。私はちょっと不《ふ》安《あん》になりました。でも、おなかがすいていたし、おいしかったので、たくさん食べました。「ごちそうさま」「エイミーさん、実《じつ》は、これはすっぽん*ですよ」「すっぽん？」「すっぽんはかめ*です」「えっ！……」私は気分が悪くなりました。お父さんはすっぽんは体によくて、高い食べ物だと言っていました。

これは一生に一度のとてもおもしろい経験《けいけん》でした。国に帰って、友だちに「かめを食べたことがある」と言えます。かめはおいしかったです。でも、やっぱり、もうかめを食べたくありません。

・なべ　냄비
・すっぽん　자라
・かめ　거북이

C. 에이미의 글과 일치하면 ○, 틀리면 ×를 표시하세요.

(　　　) 1. 日本料理は大好きだが、国ではあまり食べなかった。
(　　　) 2. 国でうめぼしを食べたこどがある。
(　　　) 3. めずらしい食べ物は何も食べられない。
(　　　) 4. ホストファミリーとなべ料理を食べに行った。
(　　　) 5. なべの中には鳥の肉があった。
(　　　) 6. なべ料理はとてもおいしかった。
(　　　) 7. すっぽんはめずらしいから、たくさん食べた。
(　　　) 8. またすっぽんを食べるつもりだ。

III. 満員《まんいん》電車

単《たん》語《ご》

- 満員電車(まんいんでんしゃ)
  만원 전철
- 第一印象(だいいちいんしょう)
  첫인상
- 込む(こむ)　붐비다
  込んでいる(こんでいる)　붐비다
- スーツケース　여행 가방, 슈트케이스
- 着く(つく)　도착하다(〜に)
- ラッシュ　러시(출퇴근시 교통혼잡)
- 空港(くうこう)　공항
- 同じ(おなじ)　같다
- 考える(かんがえる)
  생각하다 (〜のことを)
- 昼(ひる)　낮

A. 다음 질문에 답하세요.

1. 日本に行ったことがありますか。日本の第一印象《だいいちいんしょう》は下のa-eのどれでしたか。

   a. 小さい　b. 込《こ》んでいる　c. 高い　d. きれい　e. その他《た》

2. あなたは電車やバスによく乗《の》りますか。
   電車やバスの中でたいてい何をしますか。

B. 다음은 회사원인 마이클이 일본 전철에 관하여 쓴 글입니다. 읽어 보세요.

日本に来て、満員《まんいん》電車にびっくりした。午後五時ごろ空港に着いたので、ラッシュの時に電車に乗《の》らなくてはいけなかった。大きいスーツのケースを持って、電車に乗った。とても込《こ》んでいた。会社員や学生がたくさん電車に乗っていたが、みんな何も言わなかった。みんな同じ顔《かお》だった。「ここには住めない」これが私の日本の第一印象《だいいちいんしょう》だった。

それから、私は電車がきらいになった。でも、毎日電車に乗《の》らなくてはいけない。電車の中で、国の山や海のことを考《かんが》えた。でも、やっぱり電車がきらいだった。

ある日、仕事が休みになったので、昼ごろに電車に乗《の》った。いつもと同じ電車だが、同じじゃなかった。子供《こども》に本を読んでいるお母さん、話しているおばあさん、ウォークマンを聞いている高校生、みんな楽《たの》しそうだ。それから、私は電車に乗るのが好きになった。いろいろな人がいておもしろい。ときどき、となりの人と話したりする。もう山や海のことを考《かんが》えない。

C. 다음 질문에 답하세요.

1. マイクさんの日本の第一印象《だいいちいんしょう》は何でしたか。どうしてそう思いましたか。

2. 下のa-eはラッシュの電車で見ますか。昼の電車で見ますか。(　　)にa-eを書いて下さい。

   (1) ラッシュの電車で見る:　(　　) (　　)

   (2) 昼の電車で見る:　(　　) (　　) (　　)

a. サラリーマンがたくさんいる。
b. お母さんが子供《こども》に本を読んでいる。
c. みんなとても静《しず》かだ。
d. おばあさんが話している。
e. みんなとても楽《たの》しそうだ。

IV. 書く練習《れんしゅう》

기억에 남는 재미있는 경험에 대해 써 보세요.

漢字練習

物	物	物	物						
鳥	鳥	鳥	鳥						
料	料	料	料						
理	理	理	理						
特	特	特	特						
安	安	安	安						
飯	飯	飯	飯						
肉	肉	肉	肉						
悪	悪	悪	悪						
体	体	体	体						
空	空	空	空						
港	港	港	港						
着	着	着	着						
同	同	同	同						
海	海	海	海						
昼	昼	昼	昼						

漢字活用

Ⅰ. 다음 빈 칸을 히라가나는 한자로, 한자는 히라가나로 채워 보세요.

1. 私の________で、日本の________は高いです。
　　国　　　　　りょうり

2. 私は________ ________の________が好きです。
　　とくに　　とり　　にく

3. ________に________に________________。
　　ひる　　くうこう　　つきました

4. ________、________ ________を食べています。
　　毎日　　おなじ　　もの

5. ________________の________、________に行きました。
　　高校生　　時　　うみ

6. ちょっと________________が________________です。
　　気分　　わるい

7. お母さんは、________は________、________にいいと言います。
　　ごはん　　やすくて　　からだ

8. ________________に________________の経験《けいけん》でした。
　　一生　　一度

9. ________は本を________り CD を________________りしました。
　　ごご　　よんだ　　きいた

悩《なや》みの相談《そうだん》

彼	かれ かの 저, 저편 피	**彼**（かれ）그, 남자 친구 **彼女**（かのジョ）그녀, 여자 친구 (8) ノ ク 彳 彳 彳 彳 彼 彼
代	ダイ か 대신할 대	**時代**（ジダイ）시대 **電気代**（デンキダイ）전기요금 **六十年代**（ロクジュウネンダイ）60년대 **十代**（ジュウダイ）십대 **代わりに**（かわりに）대신에 (5) ノ イ 仁 代 代
留	リュウ ル と 머무를 류	**留学生**（リュウガクセイ）유학생 **留守**（ルス）부재중 **書き留め**（かきとめ）등기 (10) ′ ㄷ ㄷ 卬 卯 卯 留 留 留 留
族	ゾク 겨레, 친족 족	**家族**（カゾク）가족 **王族**（オウゾク）왕족 **民族**（ミンゾク）민족 (11) ′ 亠 方 方 方 方 方 方 族 族 族
親	おや シン した 친할 친	**父親**（ちちおや）아버지 **親切な**（シンセツな）친절하다 **親友**（シンユウ）친한 친구 **両親**（リョウシン）양친 **親しい**（したしい）친하다 (16) ′ 亠 亠 立 立 立 辛 亲 亲 亲 親 親 親 親 親 親
切	セツ き きっ 절실할, 끊을 절	**親切な**（シンセツな）친절하다 **切る**（きる）자르다 **大切な**（タイセツな）중요하다 **切手**（きって）우표 (4) 一 七 切 切
英	エイ 재주 뛰어날, 꽃부리 영	**英語**（エイゴ）영어 **英国**（エイコク）영국 **英会話**（エイカイワ）영어회화 **英雄**（エイユウ）영웅 (8) 一 十 艹 艹 艹 苎 英 英
店	みせ テン 가게 점	**店**（みせ）가게 **店員**（テンイン）점원 **売店**（バイテン）매점 **書店**（ショテン）서점 (8) ′ 亠 广 广 庐 庐 店 店

去	キョ コ　さ 갈, 지날 거	**去年**（キョネン）작년 **過去**（カコ）과거　**去る**（さる）떠나다 (5) 
急	キュウ　いそ 급할 급	**急に**（キュウに）갑자기　**急ぐ**（いそぐ）서두르다 **急行**（キュウコウ）급행 **特急**（トッキュウ）특행 (9) 
乗	の ジョウ 탈 승	**乗る**（のる）타다 **乗り物**（のりもの）탈 것　**乗車**（ジョウシャ）승차 **乗馬**（ジョウバ）승마 (9) 
当	トウ あ 마땅할 당	**本当に**（ホントウに）정말로 **当時**（トウジ）당시　**当たる**（あたる）맞다, 적중하다 (6) 
音	オン おと　ね 소리, 음악 음	**音楽**（オンガク）음악 **発音**（ハツオン）발음　**音**（おと）음 **本音**（ホンね）진심, 본심 (9) 
楽	ガク　たの ガッ　ラク 즐길 락	**音楽**（オンガク）음악　**楽しい**（たのしい）즐겁다 **楽器**（ガッキ）악기 **楽な**（ラクな）즐겁다 (13) 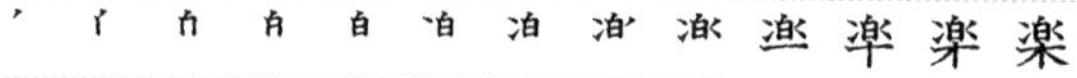
医	イ 의원 의	**医者**（イシャ）의사 **医学**（イガク）의학　**医院**（イイン）병원 (7) 
者	シャ もの 사람 자	**医者**（イシャ）의사 **学者**（ガクシャ）학자　**読者**（ドクシャ）독자 **若者**（わかもの）젊은이 (8) 

Ⅰ. 漢字《かんじ》の練習《れんしゅう》

A. 다음 제시된 발음으로 한자를 읽고, 외워 보세요.

年上(としうえ)　六年間(ロクネンカン)　上手(じょうず)

家族(カゾク)　北海道(ホッカイドウ)

三か月後(サンかゲツゴ)　大好き(ダイすき)

B. 다음 한자를 읽어 보세요(답은 다음 페이지에 있습니다).

1. 仕事　2. 早く　3. 思う　4. 東京　5. 勉強

6. 学校　7. 買い物　8. 病院　9. 気分　10. 時間

Ⅱ. 悩《なや》みに相談《そうだん》

単《たん》語《ご》

- 悩み(なやみ)　고민
- アドバイス　충고
- 年上(としうえ)　연상
- 時代(じだい)　시대
- 先輩(せんぱい)　선배
- ～年間(～ねんかん)　～년간
- 付き合う(つきあう)　사귀다
- 愛す(あいす)　사랑하다
- 女(おんな)　여자
- どうしたらいい　어떻게 할까?
- 男(おとこ)　남자
- 父親(ちちおや)　아버지
- 急に(きゅうに)　급하게
- 出張(しゅっちょう)　출장
- 本当に(ほんとうに)　진짜로
- 場合(ばあい)　경우

A. 다음 질문에 답하세요.

1. あなたは悩《なや》みがありますか。だれに相談《そうだん》しますか。

2. あなたの友だちはどんな悩みがありますか。どんなアドバイスをしましたか。

B. 다음 고민 상담을 읽어 보세요.

1　結婚《けっこん》と仕事

26歳《さい》の会社員です。三歳年上の彼がいます。彼は大学時代の先輩《せんぱい》で、六年間付《つ》き合《あ》っています。このごろ、彼は「早く結婚《けっこん》したい」と言っています。彼はやさしいし、仕事もできるし、私も結婚したいと思っています。でも彼の会社は東京で、私の会社は大阪《おおさか》にあります。彼は今の仕事をやめられないと言っています。私もやめたくありません。私が仕事をやめて東京に行ったほうがいいんでしょうか。彼を愛《あい》しています。

(26歳《さい》・女)

2　日本語が上手にならない

カナダ人の留学生です。日本の大学で勉強しています。私の悩《なや》みは日本語です。今、日本人のホストファミリーと住んでいます。家族は親切ですが、みんなは私と英語を話したがっています。だから、私は「英語を話さなくちゃ」と思って、英語を話します。学校に日本人の友だちがたくさんいますが、みんなの英語は私の日本語より上手です。だから、たいてい英語を使います。買い物の時も「すみません。あの、これください」と日本語で言うんですが、お店の人は「ツーハンドレッドエンね。サンキュー!」と英語で言います。もう六か月も日本にいますが、ぜんぜん日本語が上手になりません。どうしたらいいでしょうか。

(21歳《さい》・男)

3　飛行機《ひこうき》がきらい

私は子供《こども》の時から飛行機《ひこうき》がきらいです。去年、北海道の父親が急に病気になって、飛行機に乗ったんですが、気分が悪くて大《たい》変《へん》でした。実《じつ》は、三か月後に会社の出張《しゅっちょう》でブラジルに行かなくてはいけません。日本からサンパウロまで27時間ぐらい飛行機に乗っていなくてはいけないんです。でも、私は行きたくありません。どうしたらいいでしょうか。アドバイスをお願《ねが》いします。

(32歳《さい》・男)

アドバイス

私も飛行機《ひこうき》に乗るのが好きじゃないので、あなたの悩《なや》みが本当によくわかります。私はよく飛行機の中で、大好きなモーツアルトの音楽を聞きます。でも、あなたの場合《ばあい》はもっと大変《たいへん》そうなので、お医者さんに行って相談《そうだん》してみたらどうですか。

[Ⅰ-B] 답　1. しごと　2. はやく　3. おもう　4. とうきょう　5. べんきょう　6. がっこう　7. かいもの　8. びょうき　9. きぶん　10. じかん

C. 다음 질문에 답하세요.

[1] 結婚《けっこん》と仕事

1. この人の彼はどんな人ですか。
2. どうしてこの人はすぐ彼と結婚《けっこん》しないのですか。
3. あなたはこの人が仕事をやめて結婚したほうがいいと思いますか。
   どうしてですか。
4. あなたならどうすると思いますか。

[2] 日本語が上手にならない

1. この人はホストファミリーと日本語で話しますか。どうしてですか。
2. 日本人の友だちと日本語で話しますか。どうしてですか。
3. お店の人はどうですか。
4. あなたも同じ悩《なや》みがありますか。

[3] 飛行機《ひこうき》がきらい

1. この人はいつ飛行機《ひこうき》に乗りましたか。飛行機はどうでしたか。
2. どうしてブラジルに行きたくないのですか。
3. あなたはこの人がブラジルに行くと思いますか。

III. 書く練習《れんしゅう》

A. Ⅱ-B의 1번, 2번 사람에게 하고 싶은 충고를 써 보세요.

B. 자신을 다음 제시된 인물 중의 하나로 생각하고, 그들의 고민에 대해 써 보세요.

留学生	ホストファミリー	日本語の先生	ねこ	その他《た》

漢字練習

彼	彼	彼	彼						
代	代	代	代						
留	留	留	留						
族	族	族	族						
親	親	親	親						
切	切	切	切						
英	英	英	英						
店	店	店	店						
去	去	去	去						
急	急	急	急						
乗	乗	乗	乗						
当	当	当	当						
音	音	音	音						
楽	楽	楽	楽						
医	医	医	医						
者	者	者	者						

漢字活用

Ⅰ. 다음 빈 칸을 히라가나는 한자로, 한자는 히라가나로 채워 보세요.

1. 私の______はとても__________です。二歳《さい》__________です。
   かれ　しんせつ　年上

2. 私が________________ので、______はとても心配《しんぱい》しています。
   りゅうがくした　かぞく

3. その________の人は__________が________________でした。
   みせ　えいご　上手

4. ________の時は________に行ったほうがいいですよ。
   びょうき　いしゃ

5. __________は____________大変《たいへん》でした。
   きょねん　ほんとうに

6. __________から__________まで飛行機《ひこうき》に________________。
   とうきょう　北海道　のりました

7. 日本の__________が____________です。
   おんがく　大好き

8. __________大学________の友だちに会いたくなりました。
   きゅうに　じだい

9. ________の後、__________をして、帰ります。
   しごと　かいもの

10. あの人と____________会っていませんが、____________に会うつもりです。
   三年間　二か月後

LESSON 15

私が好きな所

死	し シ 죽을 사	**死ぬ** (しぬ) 죽다 **死** (シ) 죽음　**安楽死** (アンラクシ) 안락사 (6) 一 丆 歹 歹 歺 死
意	イ 뜻 의	**意味** (イミ) 의미 **注意する** (チュウイする) 주의하다 **意見** (イケン) 의견　**用意する** (ヨウイする) 준비하다 (13) 丶 亠 亠 立 立 产 音 音 音 音 意 意 意
味	ミ あじ 맛 미	**意味** (イミ) 의미 **趣味** (シュミ) 취미　**興味** (キョウミ) 흥미 **味噌** (ミソ) 된장　**味** (あじ) 맛 (8) 丨 冂 口 口 口 吽 味 味
注	チュウ そそ 물댈 주	**注意する** (チュウイする) 주의하다 **注文する** (チュウモンする) 주문하다 **注ぐ** (そそぐ) 따르다 (8) 丶 丷 氵 氵 氵 汁 汼 注
夏	なつ カ 여름 하	**夏** (なつ) 여름 **夏休み** (なつやすみ) 여름 방학 **初夏** (ショカ) 초여름 (10) 一 丆 丆 百 百 百 百 頁 夏 夏
魚	さかな うお　ギョ 고기 어	**魚** (さかな) 물고기 **魚市場** (うおいちば) 어시장 **金魚** (キンギョ) 금붕어 (11) ノ ク 𠂊 各 角 角 角 角 角 魚 魚
寺	てら ジ 절 사	**お寺** (おてら) 절 **東寺** (トウジ) 도우지(절의 이름) (6) 一 十 土 圭 寺 寺
広	ひろ コウ 넓을 광	**広い** (ひろい) 넓다 **広場** (ひろば) 광장 **広島** (ひろしま) 히로시마　**広告** (コウコク) 광고 (5) 丶 亠 广 広 広

転	テン ころ 굴릴, 옮길 전	**自転車** (ジテンシャ) 자전거 **運転する** (ウンテンする) 운전하다 **回転ずし** (カイテンずし) 회전초밥 **転ぶ** (ころぶ) 쓰러지다 (11)
借	か シャク シャッ 빌, 빌릴 차	**借りる** (かりる) 빌리다 **借地** (シャクチ) 토지 임대 **借金** (シャッキン) 돈을 꿈, 꾼 돈 (10)
走	はし ソウ 달아날 주	**走る** (はしる) 달리다 **走り書き** (はしりがき) 갈겨 씀 **脱走** (ダッソウ) 탈주 (7)
建	たて た ケン 세울 건	**建物** (たてもの) 건물 **建てる** (たてる) 세우다 **建つ** (たつ) 짓다, 세우다 **建国** (ケンコク) 건국 (9)
地	チ ジ 땅 지	**地下** (チカ) 지하 **地下鉄** (チカテツ) 지하철 **地図** (チズ) 지도 **地球** (チキュウ) 지구 **地震** (ジシン) 지진 (6)
場	ば ジョウ 마당, 곳 장	**広場** (ひろば) 광장 **場所** (ばショ) 장소 **駐車場** (チュウシャジョウ) 주차장 (12)
足	あし た ソク 발, 넉넉한 족	**足** (あし) 발 **足りる** (たりる) 충분하다 **一足** (イッソク) 한 켤레 **水不足** (みずブソク) 물부족 (7)
通	とお かよ ツウ 통할, 다닐 통	**通る** (とおる) 통하다 **通う** (かよう) 다니다 **通学** (ツウガク) 통학 **通勤** (ツウキン) 통근 (10)

Ⅰ. 漢字《かんじ》の練習《れんしゅう》

A. 다음 제시된 발음으로 한자를 읽고, 외워 보세요.

生まれる(うまれる)　　二十万人(ニジュウマンニン)

一年中(イチネンジュウ)　　人気(ニンキ)

地下(チカ)　　お金持ち(おかねもち)

B. 다음 한자를 읽어 보세요(답은 아래에 있습니다).

1. 町	2. 近く	3. 有名	4. 神社
5. 青い	6. 色	7. 赤い	8. 南
9. 今年	10. 今度	11. 古い	12. 手

Ⅱ. 私が好きな所

単《たん》語《ご》

1

- 生まれる(うまれる)　태어나다
- 原爆(げんばく)　원폭
- 残す(のこす)　남기다
- 平和(へいわ)　평화
- 島(しま)　섬
- 緑(みどり)　녹색
- 注意する(ちゅういする)　주의하다

2

- 南(みなみ)　남쪽
- 一年中(いちねんじゅう)　일년 내내
- 楽しむ(たのしむ)　즐기다

3

- 自然(しぜん)　자연
- 紅葉(こうよう)　단풍
- 竹(たけ)　대나무
- 走る(はしる)　달리다
- 景色(けしき)　경치

[Ⅰ-B] 답　1. まち　2. ちかく　3. ゆうめい　4. じんじゃ　5. あおい　6. いろ　7. あかい　8. みなみ　9. ことし　10. こんど　11. ふるい　12. て

4

- 建物(たてもの)　건물
- 昔(むかし)　옛날
- ビル　빌딩
- 地下(ちか)　지하
- 広場(ひろば)　광장
- 戦争(せんそう)　전쟁
- 手(て)　손
- 通る(とおる)　통하다
- ホームレス　집없는

A. 다음 질문에 답하세요.

1. あなたはどんな所に行ってみたいですか。どうしてですか。

2. (1)～(4)はどんな所ですか。行ったことがありますか。

   (1) 広島《ひろしま》・宮島《みやじま》　(2) 沖縄《おきなわ》　(3) 京都《きょうと》　(4) 東京

3. 上の(1)～(4)は右の地図《ちず》のa-dのどこですか。

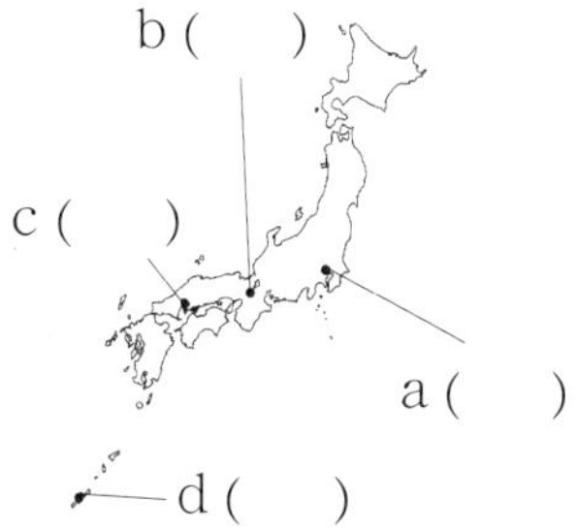

B. 4명의 일본인이 자신이 좋아하는 장소를 소개하고 있습니다. 읽어 보세요.

1 広島《ひろしま》と宮島《みやじま》

広島《ひろしま》は私が生まれた町です。広島には原爆《げんばく》ドームがあります。1945年8月6日、広島に世界《せかい》で初《はじ》めて原爆が落《お》とされました。*この原爆で二十万人の人が死にました。広島の人は原爆を忘《わす》れてはいけないと思い、原爆ドームを残《のこ》しました。近くには平和記念資料館《へいわきねんしりょうかん》*があり、原爆について読んだり、写真《しゃしん》を見たりできます。ここに来た人は、平和《へいわ》の意味について考《かんが》えます。

原爆《げんばく》ドーム

忘れてはいけないと思い

이 글을 て형 문장으로 바꾸어 보면 아래와 같습니다.

原爆《げんばく》を忘《わす》れてはいけないと思い、原爆ドームを残《のこ》しました。

＝ 原爆を忘れてはいけないと思って、原爆ドームを残しました。

広島《ひろしま》の近くには宮島《みやじま》があります。宮島は小さい島《しま》で、有名な神社があります。この神社は海の近くにあるので、天気がいい日は、海の青い色と神社の赤い色、そして山の緑《みどり》がどてもきれいです。この島には鹿《しか》*がたくさんいます。鹿はたいていおなかがすいているので、食べ物を持っている人は注意したほうがいいでしょう。

宮島《みやじま》

・落とされました(おとされました)　떨어졌습니다
・平和記念資料館(へいわきねんしりょうかん)　평화기념자료관
・鹿(しか)　사슴

2 沖縄《おきなわ》

私は今まで日本のいろいろな所に行きましたが、その中で沖縄《おきなわ》が一番《いちばん》好きです。沖縄はエメラルドグリーンの海と白いビーチで有名です。世界《せかい》のビーチの中で一番きれいだと思います。沖縄は日本の一番南にあって、冬《ふゆ》も暖《あたた》かいです。だから、ゴルフなどのスポーツが一年中楽しめます。

今年の夏、私は沖縄《おきなわ》で初《はじ》めてダイビングをしてみました。海の中にはいろいろな色の魚がたくさん泳《およ》いでいて、本当に感動《かんどう》しました。十二月から四月まではくじら*が見られるので、今度は冬《ふゆ》に行こうと思っています。

・くじら　고래

3 京都《きょうと》（嵐山《あらしやま》・嵯峨野《さがの》）

京都《きょうと》には古いお寺がたくさんありますが、私がよく行く所は嵐山《あらしやま》です。嵐山にはお寺も自然《しぜん》もあります。嵐山は人気があって、紅葉《こうよう》の時は特に込《こ》んでいます。

嵐山《あらしやま》のそばに嵯峨野《さがの》があります。嵯峨野は広いので、自転車を借りたほうがいいでしょう。嵯蛾野には竹《たけ》がたくさんあり、竹で作ったおみやげを売っています。川のそばをトロッコ列車《れっしゃ》*が

嵐山《あらしやま》

走っています。列車から見える山と川の景色《けしき》はとてもきれいです。

・トロッコ列車(トロッコれっしゃ)　관광 열차

[4] 東京・新宿《しんじゅく》

私は子供《こども》の時、新宿駅《しんじゅくえき》の近くに住んでいました。今は、新宿には高い建物がたくさん立っていますが、昔はまだあまりビルはありませんでした。1965年ごろ、西口に地下広場ができました。学生がギターを弾《ひ》いたり歌を歌ったりしていました。そのとなりでは、戦争《せんそう》で手や足をなくした人が通る人にお金をもらっていました。

最近《さいきん》、新宿《しんじゅく》にはホームレスの人がたくさんいます。日本はお金持ちになりましたが、昔も今も、お金がぜんぜんない人もいるんです。寝《ね》ているホームレスの人のそばを、近くの会社で働いている人が毎日急いで通ります。

大きい会社とホームレス。今の新宿《しんじゅく》には「見える日本」も「見えない日本」もあるんです。

C. 다음 질문에 답하세요.

1. [1]を読んで、次の質問《しつもん》に答《こた》えましょう。
   a. 原爆《げんばく》が世界《せかい》で初《はじ》めて落《お》とされた所はどこですか。それはいつでしたか。何人の人が死にましたか。
   b. 平和記念資料館《へいわきねんしりょうかん》で何ができますか。
   c. 宮島《みやじま》はどんな所ですか。
   d. 宮島で食べ物を持っている人は、どうして気をつけなくては*いけないのですか。
   (*なくては는 なくちゃ로 바꿔 쓸 수 있다.)

2. [2]～[4]について質問《しつもん》を考《かんが》えて、となりの人に聞きましょう。

3. あなたは広島《ひろしま》・宮島《みやじま》、沖縄《おきなわ》、京都《きょうと》、東京の中でどこに一番《いちばん》行ってみたいですか。そこで何がしてみたいですか。

D. 다음 사람들은 여행을 가고 싶어 합니다. 広島《ひろしま》, 宮島《みやじま》, 沖縄《おきなわ》, 京都《きょうと》, 東京 중 어디가 좋다고 생각합니까? 이유는 무엇입니까?

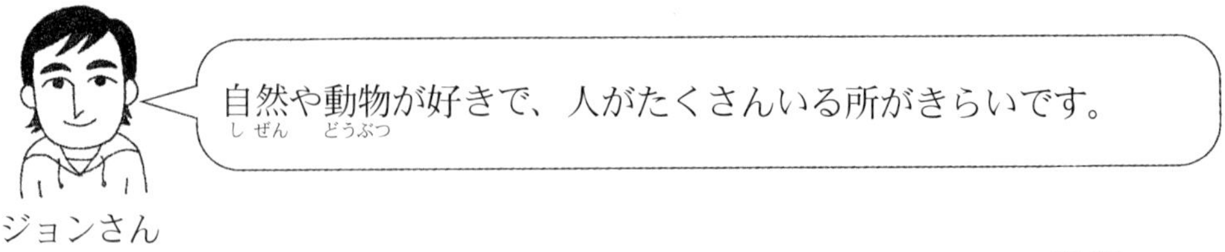
自然《しぜん》や動物《どうぶつ》が好きで、人がたくさんいる所がきらいです。
ジョンさん

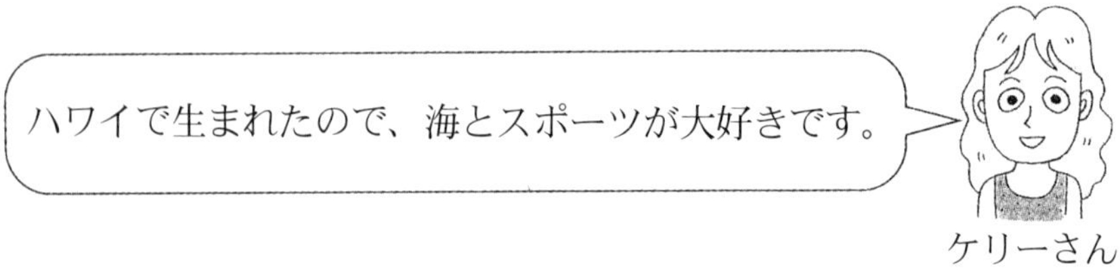
ハワイで生まれたので、海とスポーツが大好きです。
ケリーさん

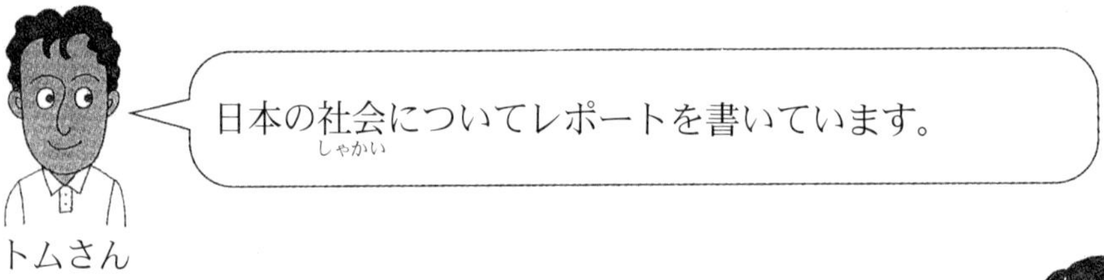
日本の社会《しゃかい》についてレポートを書いています。
トムさん

インドネシアから来たので紅葉《こうよう》を見たことがありません。
ユンさん

Ⅲ. 書く練習《れんしゅう》

자신이 좋아하는 곳을 소개해 보세요.

漢字練習

死	死	死	死						
意	意	意	意						
味	味	味	味						
注	注	注	注						
夏	夏	夏	夏						
魚	魚	魚	魚						
寺	寺	寺	寺						
広	広	広	広						
転	転	転	転						
借	借	借	借						
走	走	走	走						
建	建	建	建						
地	地	地	地						
場	場	場	場						
足	足	足	足						
通	通	通	通						

漢字活用

I. 다음 빈 칸을 히라가나는 한자로, 한자는 히라가나로 채워 보세요.

1. ＿＿＿＿ ＿＿＿＿＿＿＿を＿＿＿＿＿＿＿＿＿＿。
古い　じてんしゃ　かりました

2. 毎日、駅《えき》の＿＿＿＿＿＿の＿＿＿＿＿を＿＿＿＿＿＿＿＿＿。
ちか　ひろば　とおります

3. ＿＿＿＿＿＿の中で＿＿＿＿＿＿＿＿はいけません。
たてもの　はしって

4. この漢字《かんじ》の＿＿＿＿＿＿＿＿を教《おし》えてください。
いみ

5. 私は毎年、＿＿＿＿＿＿にその＿＿＿＿＿＿に行きます。
なつ　おてら

6. ＿＿＿＿＿＿には＿＿＿＿があリません。
さかな　あし

7. 原爆《げんばく》で＿＿＿＿＿＿＿＿＿＿＿の人が＿＿＿＿＿＿＿＿＿＿。
三十万人　しにました

8. あの＿＿＿＿＿＿＿＿はいじわるだから、＿＿＿＿＿＿＿ほうがいいですよ。
お金持ち　ちゅういした

9. 私はこの＿＿＿＿＿で＿＿＿＿＿＿＿＿＿＿＿＿
町　うまれました

＿＿＿＿＿に＿＿＿＿＿＿＿＿＿＿ ＿＿＿＿＿＿＿＿＿があります。
ちかく　有名な　じんじゃ

10. その島《しま》は＿＿＿＿＿＿＿＿＿＿暖《あたた》かいので、＿＿＿＿＿＿＿＿＿があります。
一年中　人気

LESSON 16

まんが「ドラえもん」

供	ども とも　そな キョウ 이바지할 공	子供（こども）아이　供に（ともに）함께 供える（そなえる）바치다, 올리다 提供（テイキョウ）제공 (8) ノ イ 仁 仕 供 供 供 供
世	セ セイ　よ 세대 세	世界（セカイ）세계　世話（セワ）신세 世代（セダイ）세대　三世（サンセイ）3세 世の中（よのなか）세상 (5) 一 十 廿 廿 世
界	カイ 세계 계	世界（セカイ）세계 視界（シカイ）시야　政界（セイカイ）정계 限界（ゲンカイ）한계 (9) 丨 冂 田 田 田 甲 男 界 界
全	ゼン まった 전부, 모두 전	全部（ゼンブ）전부 安全（アンゼン）안전　全国（ゼンコク）전국 全く（まったく）완전히 (6) ノ 人 亼 仐 全 全
部	ブ　ヘ 부문, 분류 부	全部（ゼンブ）전부　部屋（へや）방 テニス部（テニスブ）테니스부 部長（ブチョウ）부장 (11) 丶 亠 亠 立 立 产 音 音 音 部 部
始	はじ シ 비로소, 처음 시	始まる（はじまる）시작되다 始める（はじめる）시작하다 始発（シハツ）시발 (8) 𡿨 女 女 女 始 始 始 始
週	シュウ 주일, 돌 주	毎週（マイシュウ）매주　先週（センシュウ）지난 주 二週目（ニシュウめ）이주째 週末（シュウマツ）주말 (11) 丿 冂 月 用 用 用 周 周 凋 调 週
以	イ 부터, 까닭 이	～以上（イジョウ）～이상 ～以下（イカ）～이하　以前（イゼン）이전 以後（イゴ）이후 (5) 丨 レ レ 以 以

考	かんが コウ 헤아릴 고	**考える**（かんがえる） 생각하다 **考え**（かんがえ） 생각　**考古学**（コウコガク） 고고학 **参考**（サンコウ） 참고 (6) 一 十 土 耂 耂 考
開	あ ひら　カイ 열 개	**開ける**（あける） 열다 **開く**（あく） 열리다　**開く**（ひらく） 열리다, 열다 **開店**（カイテン） 개점 (12) 丨 冂 冂 冂 門 門 門 門 門 閂 開 開
屋	や オク 집, 덮개 옥	**部屋**（へや） 방　**本屋**（ほんや） 책방 **魚屋**（さかなや） 생선 가게　**屋上**（オクジョウ） 옥상 **屋内**（オクナイ） 옥내, 집 안 (9) ㇇ コ 尸 尸 层 层 层 屖 屋
方	かた がた　ホウ 방향, 장소 방	**味方**（ミかた） 아군 **読み方**（よみかた） 읽는 법 **夕方**（ゆうがた） 저녁　**両方**（リョウホウ） 양쪽 (4) 丶 亠 方 方
運	ウン はこ 운전할, 옮길 운	**運動**（ウンドウ） 운동　**運転**（ウンテン） 운전 **運がいい**（ウンがいい） 운이 좋다 **運命**（ウンメイ） 운명　**運ぶ**（はこぶ） 운반하다 (12) 丶 冖 冖 冖 冖 冖 冖 冖 軍 運 運 運
動	ドウ うご 움직일 동	**運動**（ウンドウ） 운동 **動く**（うごく） 움직이다　**自動車**（ジドウシャ） 자동차 **動物**（ドウブツ） 동물 (11) 丿 二 千 台 盲 盲 重 重 重 動 動
教	おし　キョウ 가르칠 교	**教える**（おしえる） 가르치다　**教室**（キョウシツ） 교실 **教会**（キョウカイ） 교회　**キリスト教**（キリストキョウ） 크리스트교　**教科書**（キョウカショ） 교과서 (11) 一 十 土 耂 耂 孝 孝 孝 孝 教 教
室	シツ 집 실	**教室**（キョウシツ） 교실 **研究室**（ケンキュウシツ） 연구실　**地下室**（チカシツ） 지하실　**待合室**（まちあいシツ） 대합실 (9) 丶 丷 宀 宀 宀 宀 室 室 室

I. 漢字《かんじ》の練習《れんしゅう》

A. 다음 제시된 발음으로 한자를 읽고, 외워 보세요.

空(そら)　　小学生(ショウガクセイ)　　出す(だす)

場所(ばショ)　　海外(カイガイ)

B. 다음 한자를 읽어 보세요(답은 아래에 있습니다).

1. 国　　2. 来た　　3. 使う　　4. 次
5. 自分　　6. 書く　　7. 食べる　　8. 八千万
9. 売れる　　10. テストの前

II. まんが「ドラえもん」

単《たん》語《ご》

- 空(そら)　하늘
- 飛ぶ(とぶ)　날다
- 違う(ちがう)　다르다
- そんな～　그런～
- 未来(みらい)　미래
- ロボット　로봇
- 道具(どうぐ)　도구
- ポケット　포켓, 호주머니
- 小学生(しょうがくせい)　초등학생
- 助ける(たすける)　도와주다
- 喜んで(よろこんで)　즐겁게, 기뻐하며
- 続く(つづく)　이어지다
- ～以上(～いじょう)　～이상
- 売れる(うれる)　팔리다
- 例えば(たとえば)　예를 들면
- どこでも　어디에도
- すると　그러자
- 場所(ばしょ)　장소
- また　혹은, 또는
- 弱い(よわい)　약하다
- 味方(みかた)　아군
- こと　것, 일
- 戻る(もどる)　되돌아오다
- 教室(きょうしつ)　교실
- 海外(かいがい)　해외

[I-B] 답　1. くに　2. きた　3. つかう　4. つぎ　5. じぶん　6. かく　7. たべる　8. はっせんまん　9. うれる　10. テストのまえ

A. 다음 질문에 답하세요.

1. あなたはどんなまんがを見たことがありますか。
日本のまんがを知っていますか。

2. 右の絵《え》は「ドラえもん」です。何だと思いますか。
「ドラえもん」を見たことがありますか。あなたの国でも
「ドラえもん」が見られますか。

B. 만화「ドラえもん」에 관한 이야기를 읽어 보세요.

万冊《さつ》以上売れました。どうしてドラえもんは人気があるのでしょうか。それは、ドラえもんが夢《ゆめ》をたくさんくれるからです。例《たと》えば、「どこでもドア」。行きたい所を考えて、このドアを開けます。すると、ドアの向《む》こうにはその場所があるのです。このドアであなたの部屋からどこでも行きたい所に行けます。あなたもこんな道具《どうぐ》があるといいと思いませんか。

また、ドラえもんは弱《よわ》い子供の味方です。のび太《た》くんは勉強もあまりできないし、けんかも弱いし、運動もできません。でも、ドラえもんはいつものび太くんを助《たす》けてくれます。子供たちはそんなやさしいドラえもんが大好きなのです。

そして、ドラえもんはのび太《た》くんにいろいろなことを教えてくれます。「アンキパン」の話に戻《もど》りましょう。……教室ではテストが始まりました。でものび太くんは何も覚《おぼ》えていません。のび太くんはテストの前に、おなかが痛《いた》くなって、トイレに行ったのです。やっぱり自分で勉強しなくてはいけないのです。

ドラえもんのテレビ番組《ばんぐみ》は、シンガポールやインドネシア、ブラジルなど、海外でも見られます。あなたの国にもドラえもんが来るかもしれません。

C. 다음 질문에 답하세요.

1. ドラえもんはどこから来ましたか。
2. ドラえもんはポケットの中に何を持っていますか。
3. 「アンキパン」はどんな道具《どうぐ》ですか。
4. 「どこでもドア」はどんな道具ですか。
5. のび太《た》くんのテストはどうでしたか。
6. どうして「ドラえもん」は人気がありますか。三つ書いてください。
7. 「ドラえもん」のテレビ番組《ばんぐみ》はどんな国で見られますか。

ドラえもん

子供の時、「空を飛《と》んでみたい」「違《ちが》う世界に行ってみたい」と思いませんでしたか。まんが「ドラえもん」の中でそんな夢《ゆめ》がかないます。ドラえもんは未来《みらい》から来たロボットです。未来のいろいろな便利《べんり》な道具《どうぐ》をポケットの中に持っていて、小学生ののび太《た》くんが困《こま》った時、その道具を使って助《たす》けてくれます。

ある日、のび太《た》くんはテストがあるのを忘《わす》れて、ぜんぜん勉強しませんでした。困《こま》ったのび太くんはドラえもんに言いました。「ドラえもん、助《たす》けてよ。次のテストは自分で勉強するから。」ドラえもんはポケットからパンを出して、のび太くんにあげました。

「これは『アンキパン』だよ。覚《おぼ》えたいことをこのパンに書いて、食べてみて。覚えられるから。」のび太くんはパンに書いて、全部食べました。もうテストは大丈夫《だいじょうぶ》です。のび太くんは喜《よろこ》んで学校に行きました……。

まんが「ドラえもん」は一九七〇年に雑誌《ざっし》で始まりました。七三年にはテレビ番組《ばんぐみ》になり、今も毎週続《つづ》いています。ドラえもんの本は今までに八千

D. 일이 일어난 순서대로 번호를 써 보세요.

(　　) のび太《た》くんはおなかが痛《いた》くなったので、トイレに行った。
(　　) のび太くんはテストがぜんぜんできなかった。
(　　) のび太くんは「アンキパン」に覚《おぼ》えたいことを書いて、全部食べた。
(　　) のび太くんはテストがあるのを忘《わす》れていた。
(　　) ドラえもんはポケットから「アンキパン」を出した。
(　　) のび太くんは困《こま》って、ドラえもんに相談《そうだん》した。

E. 다음 질문에 답하세요.

1. あなたは「アンキパン」で何を覚《おぼ》えたいですか。

2. あなたはどんな時「どこでもドア」を使いたいですか。

III. 書く練習《れんしゅう》

당신은 도라에몽의 어떤 도구를 갖고 싶습니까? 원하는 도구에 관하여 써 보세요.

漢字練習

供	供	供	供						
世	世	世	世						
界	界	界	界						
全	全	全	全						
部	部	部	部						
始	始	始	始						
週	週	週	週						
以	以	以	以						
考	考	考	考						
開	開	開	開						
屋	屋	屋	屋						
方	方	方	方						
運	運	運	運						
動	動	動	動						
教	教	教	教						
室	室	室	室						

漢字活用

I. 다음 빈 칸을 히라가나는 한자로, 한자는 히라가나로 채워 보세요.

1. __________は私たちの__________です。
   せかい　　　　きょうしつ

2. その__________は、よく__________、よく__________。
   こども　　　　うんどうして　　　　たべます

3. __________、__________で__________ください。
   ぜんぶ　　　　じぶん　　　　かんがえて

4. __________、漢字《かんじ》を十__________覚《おぼ》えます。
   まいしゅう　　　　いじょう

5. 私の__________のドアを__________ください。
   へや　　　　あけないで

6. あの先生は__________の__________です。
   小学生　　　　みかた

7. このまんがは__________でもよく__________います。
   海外　　　　うれて

8. この授業《じゅぎょう》は九時に__________。
   はじまります

9. 私が好きな__________は、__________がとてもきれいです。
   場所　　　　空

10. かばんの中から本を__________ください。
    出して

LESSON 17

オノ・ヨーコ

歳	サイ セイ 해, 나이 세	**二十五歳**（ニジュウゴサイ）25세 **お歳暮**（おセイボ）세모(연말 선물) **二十歳**（はたち）스무 살 (13) 
習	なら シュウ 익힐 습	**習う**（ならう）배우다 **習字**（シュウジ）습자　**練習**（レンシュウ）연습 **習慣**（シュウカン）습관 (11) 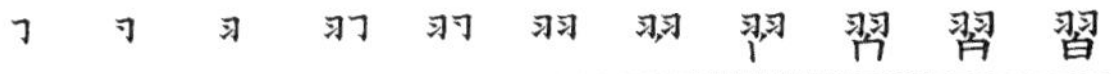
主	おも　シュ ぬし 주인, 주될 주	**主に**（おもに）주로　**ご主人**（ごシュジン）남편 **主婦**（シュフ）주부　**主語**（シュゴ）주어 **持ち主**（もちぬし）소유자, 임자 (5) 
結	ケッ ケツ　むす 맺을 결	**結婚する**（ケッコンする）결혼하다 **結果**（ケッカ）결과　**結論**（ケツロン）결론 **結ぶ**（むすぶ）묶다 (12) 
婚	コン 혼인 혼	**結婚する**（ケッコンする）결혼하다 **離婚**（リコン）이혼 **婚約者**（コンヤクシャ）약혼자 (11) 
集	あつ シュウ 모을 집	**集める**（あつめる）모으다 **特集**（トクシュウ）특집 **集中する**（シュウチュウする）집중하다 (12) 
発	ハッ ハツ　パツ 필, 밝힐 발	**発表する**（ハッピョウする）발표하다 **発音**（ハツオン）발음 **出発**（シュッパツ）출발 (9) 
表	ピョウ ヒョウ　あらわ 겉, 밝힐 표	**発表する**（ハッピョウする）발표하다 **表紙**（ヒョウシ）표지　**表す**（あらわす）나타내다 (8) 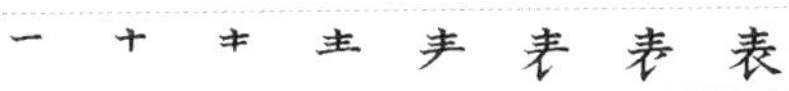

品	ヒン しな 물품 품	**作品**（サクヒン）작품 **上品な**（ジョウヒンな）고상하다 **品物**（しなもの）물건 (9) 品
字	ジ 글자 자	**文字**（モジ）문자 **赤字**（あかジ）적자　**名字**（ミョウジ）성씨, 성 **大文字**（おおモジ）대문자　**漢字**（カンジ）한자 (6) 字
活	カツ カッ 생기 있을 활	**活動**（カツドウ）활동　**生活**（セイカツ）생활 **活発な**（カッパツな）활발하다 (9) 活
写	シャ うつ 베낄, 그릴 사	**写真**（シャシン）사진 **写生**（シャセイ）사생　**写す**（うつす）베끼다 (5) 写
真	シン ま 참 진	**写真**（シャシン）사진 **真ん中**（まんなか）중앙　**～の真上**（～のまうえ）~바로 위　**真夜中**（まよなか）한밤중 (10) 真
歩	ある ホ　ポ 걸을 보	**歩く**（あるく）걷다 **歩道**（ホドウ）보도 **散歩する**（サンポする）산책하다 (8) 歩
野	ヤ　の 들 야	**分野**（ブンヤ）분야　**小野さん**（おのさん）오노 씨 **長野**（ながの）나가노 **野球**（ヤキュウ）야구　**野菜**（ヤサイ）야채 (11) 野

I. 漢字《かんじ》の練習《れんしゅう》

A. 다음 제시된 발음으로 한자를 읽고, 외워 보세요.

音楽家(オンガクカ)　作品(サクヒン)　開く(ひらく)

文字(モジ)　二人(ふたり)　年代(ネンダイ)

正しい(ただしい)

B. 다음 한자를 읽어 보세요(답은 다음 페이지에 있습니다).

1. 生まれる　2. 悪い　3. 帰る　4. 会う

5. 名前　6. 見る　7. 三年後　8. 作る

9. この年　10. 歌

II. オノ・ヨーコ

単《たん》語《ご》

- 60年代(ロクジュウネンダイ)　60년대
- 関係(かんけい)　관계
- 芸術(げいじゅつ)　예술
- 主に(おもに)　주로
- 音楽家(おんがくか)　음악가
- 詩(し)　시
- 発表する(はっぴょうする)　발표하다
- 数える(かぞえる)　세다
- 雲(くも)　구름
- 名前をつける(なまえをつける)　이름 붙이다
- 完成する(かんせいする)　완성되다
- このような　이같은
- 作品(さくひん)　작품
- 展覧会(てんらんかい)　전람회
- 開く(ひらく)　열다
- 天井(てんじょう)　천장
- 文字(もじ)　문자
- ～のためのX　～X 때문에
- 活動(かつどう)　활동
- 裸(はだか)　맨몸
- 正しい ただしい)　바르다
- 大ヒット(だいヒット)　대히트
- しかし　그러나
- 分野(ぶんや)　분야

A. 다음 질문에 답하세요.

1. 서로 맞는 단어에 줄을 이으세요.

a. 인스트럭션 ·	· (1) ベトナム
b. 베트남 ·	· (2) スキャンダル
c. 레코드 ·	· (3) メンバー
d. 쟈켓 ·	· (4) インストラクション
e. 스캔들 ·	· (5) グレープフルーツ
f. 콘서트 ·	· (6) コンサート
g. 멤버 ·	· (7) イベント
h. 포도 ·	· (8) レコード
i. 이벤트 ·	· (9) ジャケット

2. ビートルズを知っていますか。あなたはビートルズに歌が歌えますか。

3. ビートルズは60年代に人気がありました。
   60年代にどんなことがありましたか。

4. この人はオノ・ヨーコです。
   どんな人だと思いますか。

© The Japan Times, Ltd.

[Ⅰ-B] 답 1. うまれる 2. わるい 3. かえる 4. あう 5. なまえ 6. みる 7. さんねんご 8. つくる 9. このとし 10. うた

B. オノ・ヨーコ의 전기(伝記《でんき》)를 읽어 보세요.

オノ・ヨーコは1933年2月18日に東京で生まれました。ヨーコは父の仕事でアメリカに住んでいましたが、日本とアメリカの関係《かんけい》が悪くなったので、八歳の時、日本に帰りました。

ヨーコの両親《りょうしん》は芸術《げいじゅつ》が好きで、ヨーコも子供の時、ピアノを習いました。ヨーコは1953年、ニューヨークの大学に入って、主に音楽を勉強していましたが、そこで若《わか》い日本人音楽家に会い、結婚しました。

1964年、ヨーコは自分の詩《し》を集めて『グレープフルーツ』を発表しました。ヨーコの詩は短《みじか》くて、俳句《はいく》*みたいです。

数《かぞ》える

雲《くも》を数《かぞ》えて
名前をつける

上の詩《し》は、読んだ人が雲《くも》を数《かぞ》えて名前をつけた時に完成《かんせい》します。このような作品は「インストラクション・アーツ」と言います。

1966年、ヨーコはイギリスで展覧会《てんらんかい》を開きます。作品の一つは、「はしご*と双《そう》眼鏡《がんきょう》*」でした。見に来た人は、はしごの上で双眼鏡を使って天井《てんじょう》を見るのです。ある日、一人の髪《かみ》が長い男が来て、双眼鏡で天井の小さい“yes”の文字を見ました。“Yes” — この言葉《ことば》に、男はとても感動《かんどう》しました。この男の名前はジョン・レノン。有名なロック・バンド、ビートルズのメンバーでした。二人は三年後に結婚しました。

1960年代、世界はベトナム戦争《せんそう》の中にありました。ヨーコとジョンも、平和《へいわ》のための活動をたくさんしていました。1969年に二人は有名な「ベッド・イン」イベントを開きました。ベッドに寝《ね》ているヨーコとジョンの写真をあなたも見たことがあるかもしれません。

写真提供：飯村隆彦

1970年代、ジョンはビートルズをやめ、ヨーコとレコードを作りました。二人のレコードのジャケットは二人の裸《はだか》の写真だったので、スキャンダルになりました。ジョンがビートルズをやめた時、人々はジョンはヨーコに会ったからビートルズをやめたのだと言いました。でも、ジョンはヨーコに会う前に、もうビートルズをやめたいと思っていたと言っていますから、これは正しくないでしょう。1975年、ヨーコとジョンの間には男の子ショーンが生まれ、ジョンは音楽活動をやめて「主夫《しゅふ》*」になります。

『ダブル・ファンタジー』
（東芝 EMI）

1980年、五歳のショーンはビートルズの映画を見て、ジョンに「お父さんは昔、ビートルズだったの？」と聞いたそうです。それを聞いて、ジョンはまた音楽活動を始めました。この年、ジョンとヨーコが作ったレコードが『ダブル・ファンタジー』です。

このレコードの中の歌、「スターティング・オーバー」は大ヒットになりました。しかし、この年の12月8日、ヨーコとジョンがニューヨークの家の前を歩いていた時、ジョンは銃《じゅう》で撃《う》たれ*ました。

ジョンが死んでからも、オノ・ヨーコはレコードやCDを出したり、平和《へいわ》のためのコンサートを開いたりしています。そして、1990年ごろからまたほかの芸術《げいじゅつ》の分野でも活動を始めています。

・俳句(はいく)　하이쿠
　(일본의 5·7·5의 3구 17음으로 된 단형시)
・はしご　사다리
・双眼鏡(そうがんきょう)　쌍안경
・主夫(しゅふ)　가사를 맡아 보는 남편, 집에만 있는 아빠
・銃で撃たれる(じゅうでうたれる)　총에 맞다

C. 다음 질문에 답하세요.

1. オノ・ヨーコの年表《ねんぴょう》を作りましょう。

1933年	オノ・ヨーコ（小野洋《よう》子）____
1935年	アメリカに行く
____年	アメリカから帰る
____年	大学に入る
1956年	結婚する
____年	『グレープフルーツ』を出す
1966年	____
1969年	ジョン・レノンと結婚する
	____
1975年	____
1980年	ジョンとヨーコ、『ダブル・ファンタジー』を出す
	____

2. 1966年のヨーコの展覧会《てんらんかい》を絵《え》にかきましょう。

III. 書く練習《れんしゅう》

A. 자신이 알고 있는 사람에 대하여 써 보세요.

B. 「インストラクション・アーツ」에 대해 써 보세요.

漢字練習

歳	歳	歳	歳						
習	習	習	習						
主	主	主	主						
結	結	結	結						
婚	婚	婚	婚						
集	集	集	集						
発	発	発	発						
表	表	表	表						
品	品	品	品						
字	字	字	字						
活	活	活	活						
写	写	写	写						
真	真	真	真						
歩	歩	歩	歩						
野	野	野	野						

漢字活用

I. 다음 빈 칸을 히라가나는 한자로, 한자는 히라가나로 채워 보세요.

1. ________は________を________________。
   二人　　けっこん　　はっぴょうしました

2. きれいな________________を____________います。
   しゃしん　　あつめて

3. 彼女の__________は______________で、______________です。
   ごしゅじん　　さんじゅっさい　　音楽家

4. __________日本語を________________。
   悪い　　ならいました

5. __________をたくさん__________、展覧会《てんらんかい》を__________たいです。
   さくひん　　作って　　開き

6. あの人は、______________ ____に、________________音楽の
   八十年代　　おもに

   ____________で________________しました。
   ぶんや　　かつどう

7. ____________ ____________を書いてください。
   正しい　　もじ

8. 家に______________ ______________。
   あるいて　　かえりました

LESSON 18

大学生活

目	モク め 눈 목	目的（モクテキ）목적　目（め）눈 目薬（めぐすり）안약 目上の人（めうえのひと）윗사람, 연장자 (5) 丨 冂 冃 月 目
的	テキ まと 과녁 적	目的（モクテキ）목적 現代的（ゲンダイテキ）현대적 社会的（シャカイテキ）사회적　的（まと）목표, 대상 (8) 的
力	ちから リョク　リキ 힘쓸 력	力仕事（ちからしごと）육체노동 協力（キョウリョク）협력 努力（ドリョク）노력　力士（リキシ）스모 선수 (2) フ 力
洋	ヨウ 큰 바다, 서양 양	洋服（ヨウフク）양복 東洋（トウヨウ）동양　洋食（ヨウショク）양식 大西洋（タイセイヨウ）대서양 (9) 洋
服	フク 옷 복	服（フク）옷　洋服（ヨウフク）양복 制服（セイフク）제복 (8) 服
堂	ドウ 집, 정당할 당	食堂（ショクドウ）식당 公会堂（コウカイドウ）공회당 堂々とした（ドウドウとした）당당한 (11) 堂
授	ジュ さずか 줄, 가르칠 수	授業（ジュギョウ）수업 教授（キョウジュ）교수 授かる（さずかる）(내려) 주심을 받다 (11) 授
業	ギョウ 업 업	授業（ジュギョウ）수업　職業（ショクギョウ）직업 産業（サンギョウ）산업 サービス業（サービスギョウ）서비스업 (13) 業

試	シ こころ 시험할 시	**試験**（シケン）시험 **試合**（シアイ）시합　**入試**（ニュウシ）입시 **試みる**（こころみる）시도해 보다 (13) 丶 亠 亖 言 言 言 言 訁 訂 訂 試 試
験	ケン 시험할 험	**試験**（シケン）시험 **実験**（ジッケン）실험　**経験**（ケイケン）경험 (18) 丨 冂 冂 冂 冂 馬 馬 馬 馬 馬 馿 騎 騎 騎 騎 騎 驗 験
貸	か タイ 빌릴 대	**貸す**（かす）빌려 주다 **貸し出し**（かしだし）대출 **賃貸マンション**（チンタイマンション）임대 맨션 (12) ノ イ 仁 代 代 代 伐 伐 貸 貸 貸 貸
図	ト ズ はか 그림, 꾀할 도	**図書館**（トショカン）도서관　**地図**（チズ）지도 **図る**（はかる）생각하다, 노리다 (7) 丨 冂 冂 冂 冈 図 図
館	カン 집 관	**図書館**（トショカン）도서관 **映画館**（エイガカン）영화관　**旅館**（リョカン）여관 **大使館**（タイシカン）대사관 (16) ノ 𠆢 今 今 今 今 食 食 食 食 館 館 館 館 館 館
終	お シュウ 끝낼 종	**終わる**（おわる）끝나다 **終わり**（おわり）끝 **最終～**（サイシュウ～）마지막～ (11) ㄑ 幺 幺 糸 糸 糸 糸 紀 終 終 終
宿	シュク やど 묵을 숙	**宿題**（シュクダイ）숙제 **下宿**（ゲシュク）하숙 **宿泊**（シュクハク）숙박　**宿**（やど）여관 (11) 丶 丷 宀 宀 宀 宀 宀 宿 宿 宿 宿
題	ダイ 제목, 문제 제	**宿題**（シュクダイ）숙제 **話題**（ワダイ）화제　**題**（ダイ）머리말, 표제 (18) 丨 冂 日 日 旦 早 早 是 是 是 是 題 題 題 題 題 題 題

I. 漢字《かんじ》の練習《れんしゅう》

A. 다음 제시된 발음으로 한자를 읽고, 외워 보세요.

女子(ジョシ)　男子(ダンシ)　電気代(デンキダイ)
入れる(いれる)　毎月(マイつき)　食堂(ショクドウ)
三日(みっか)　空手(からて)　親しい(したしい)
来週(ライシュウ)　図書館(トショカン)

B. 다음 한자를 읽어 보세요(답은 아래에 있습니다).

1. 学生　2. 店　3. 旅行　4. 一か月
5. 生活　6. 飲む　7. 楽しみ

II. 大学生のアルバイト

単語《たんご》

- 目的(もくてき)　목적
- 女子学生(じょしがくせい)　여학생
- 男子学生(だんしがくせい)　남학생
- 家庭教師(かていきょうし)　가정교사
- 力仕事(ちからしごと)　육체노동
- 洋服(ようふく)　양복
- サークル　서클
- 生活費(せいかつひ)　생활비

[I-B] 답　1. がくせい　2. みせ　3. りょこう　4. いっかげつ　5. せいかつ　6. のむ　7. たのしみ

A. 다음 질문에 답하세요.

1. あなたはアルバイトをしていますか。どんなアルバイトをしましたか／していますか。

2. あなたのアルバイトの目的は何ですか。

3. あなたの国で人気があるアルバイトは何ですか。

B. 어느 신문이 일본 대학생이 주로 하는 아르바이트에 대해 조사했습니다. 다음 그래프를 보고 질문에 답하세요.

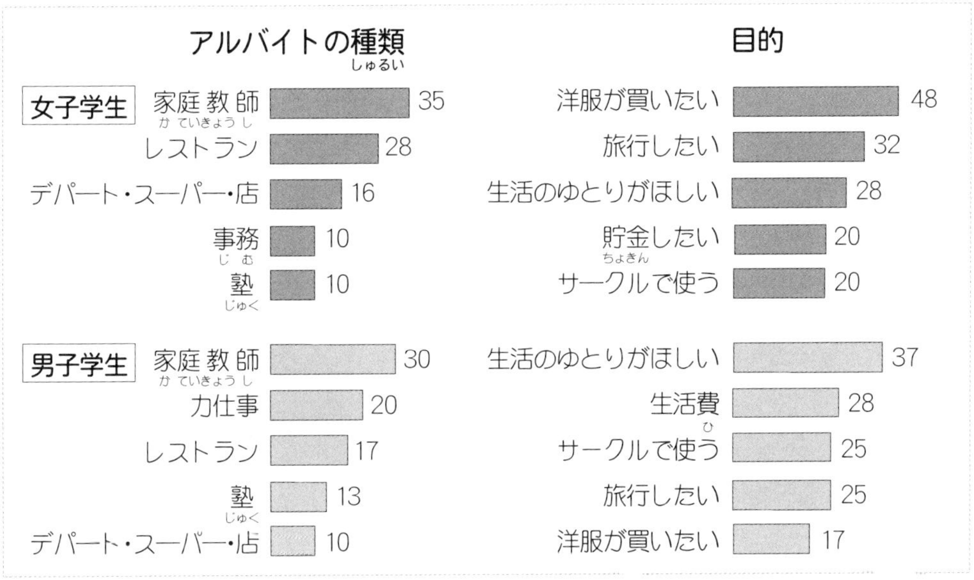

・種類(しゅるい)　종류
・事務(じむ)　사무
・生活のゆとり　생활의 여유
・貯金(ちょきん)　저금

1. 男子学生にも女子学生にも人気があるアルバイトは何ですか。

2. 男子学生だけに人気があるアルバイトは何ですか。

3. 女子学生のアルバイトの目的で一番多《いちばんおお》いのは何ですか。

4. 女子学生と男子学生のアルバイトの目的は違《ちが》いますか。

Ⅲ. 橋本《はしもと》くんの大学生活

単《たん》 語《ご》

- ワンルームマンション　원룸 맨션
- 食費(しょくひ)　식비
- ～代(～だい)　～대
  電気代(でんきだい)　전기요금
- 毎月(まいつき)　매월
- 引っ越し(ひっこし)　이사
- 初めは(はじめは)　처음에는
- 親しい(したしい)　친하다

A. 다음은 대학생인 하시모토의 생활을 소개한 글입니다.

橋本《はしもと》くんは大学三年生だ。大学のそばのワンルームマンションに住んでいる。家賃《やちん》は一か月五万円だ。食費《しょくひ》、電気代などを入れて、一か月の生活費《ひ》は、十万円ぐらいだ。毎月、両親《りょうしん》が十一万円送《おく》ってくれる。

今、家庭教師《かていきょうし》をしたり、大学の食堂でアルバイトをしたりしている。家庭教師は一週間に一回《いっかい》、食堂は三日だ。ときどき、引《ひ》っ越《こ》しなどの力仕事もする。アルバイトをしながら勉強するのは大変《たいへん》だ。よく遅刻《ちこく》したり、授業をサボったりしてしまう。

橋本《はしもと》くんは空手のサークルに入っている。一週間に三日、練《れん》習《しゅう》をする。また、ときどきサークルのみんなと飲みに行く。「大きらいなお酒《さけ》を飲まなくちゃいけないから、初《はじ》めはあまり行きたくなかったんです。でも、そのおかげで、先輩《せんぱい》たちと親しくなれたし、今の彼女にも会えたんですよ。」

来週から試験が始まる。同じクラスの友だちにノートを貸してもらって、図書館で勉強するつもりだ。「もっと早く勉強を始めればよかった」と思っている。橋本《はしもと》くんは今、試験が終わってから、サークルのみんなとスキーに行くのを楽しみにしている。

B. 다음 질문에 답하세요.

1. 橋本《はしもと》くんはどんな所に住んでいますか。

2. 橋本くんはどんなアルバイトをしていますか。

3. 橋本くんはアルバイトをしなかったら、家賃《やちん》が払《はら》えませんか。

4. 橋本くんはいい学生だと思いますか。どうしてですか。

5. 橋本くんはサークルの友だちと飲みに行って、どんないいことがありましたか。

6. 橋本くんは、今、何をしなくてはいけませんか。

C. 다음은 자취하는 대학생의 생활비 내역입니다. 자신의 나라 대학생의 생활비 내역을 적어 보세요.

	日本の大学生の生活費	あなたの国の大学生の生活費
食費《しょくひ》	31,590円	円
家賃《やちん》・電気代など	50,030円	円
本代	3,660円	円
電車・バス代なと	3,690円	円
その他《た》	32,610円	円
計《けい》(합계)	121,580円	円

参考：全国大学生活協同組合連合会「学生の消費生活に関する実態調査」(1996年)

D. 다음 문장을 읽고 자신이 한 것에는 ○, 하지 않은 것에는 ×를 표시하세요.

(　　) 1. 授業を聞きながら、ときどき寝《ね》てしまう。

(　　) 2. 今年、五回《かい》以上授業をサボってしまった。

(　　) 3. よく朝寝坊《ねぼう》をする。

(　　) 4. よく友だちに宿題を見せてもらう。

(　　) 5. よく宿題を忘《わす》れる。

(　　) 6. よく授業に遅刻《ちこく》する。

(　　) 7. やさしい先生のほうがきびしい先生より好きだ。

(　　) 8. 試験の後、「もっと勉強すればよかった」とよく思う。

○표는 몇 개가 있습니까?

7~8	……	とても悪い学生
5~6	……	悪い学生
3~4	……	普通《ふつう》の学生
1~2	……	いい学生
0	……	とてもいい学生

Ⅳ. 書く練習《れんしゅう》

A. 친구의 생활에 대하여 써 보세요.

B. 흥미가 있는 것에 대해 설문 조사를 하세요. 설문 조사 결과에 대해 써 보세요.

漢字練習

目	目	目	目						
的	的	的	的						
力	力	力	力						
洋	洋	洋	洋						
服	服	服	服						
堂	堂	堂	堂						
授	授	授	授						
業	業	業	業						
試	試	試	試						
験	験	験	験						
貸	貸	貸	貸						
図	図	図	図						
館	館	館	館						
終	終	終	終						
宿	宿	宿	宿						
題	題	題	題						

漢字活用

I. 다음 빈 칸을 히라가나는 한자로, 한자는 히라가나로 채워 보세요.

1. ______________でいっしょに________________をしませんか。
としょかん　　　しゅくだい

2. この________________の________________は何ですか。
じゅぎょう　　　もくてき

3. その____________を ______________ください。
ようふく　　　かして

4. ________________、______________が_____________________。
来週　　　しけん　　　おわります

5. __________、____________________を払《はら》わなくてはいけません。
毎月　　　電気代

6. 私の______________友だちは、______________がとても上手です。
親しい　　　空手

7. その______________________と__________________________は
男子学生　　　女子学生

________________でコーヒーを______________いました。
しょくどう　　　のんで

8. 一週間に____________、______________をしています。
三日　　　ちからしごと

9. 冷蔵庫《れいぞうこ》に牛乳《ぎゅうにゅう》を________________ください。
入れて

LESSON 19

手紙

春	はる シュン	春（はる）봄　　春巻（はるまき）하루마키(중국요리)　　春分（シュンブン）춘분 青春（セイシュン）청춘
	봄 춘	(9) 一 二 三 夫 夫 夫 春 春 春
秋	あき シュウ	秋（あき）가을 秋学期（あきガッキ）가을 학기 秋分（シュウブン）추분
	가을 추	(9) ノ 二 千 禾 禾 禾 秒 秒 秋
冬	ふゆ トウ	冬（ふゆ）겨울　　冬休み（ふゆやすみ）겨울 방학 暖冬（ダントウ）난동(평년보다 따뜻한 겨울) 春夏秋冬（シュンカシュウトウ）춘하추동
	겨울 동	(5) ノ ク 夂 冬 冬
花	はな カ	花（はな）꽃 花見（はなみ）꽃구경　　花火（はなび）불꽃놀이 花粉症（カフンショウ）화분증, 꽃가루병
	꽃 화	(7) 一 十 艹 艹 芲 芲 花
様	さま ヨウ	～様（～さま）～씨(～님) お客様（おキャクさま）손님 皆様（みなさま）여러분　　様子（ヨウス）모습, 모양
	모양 양	(14) 一 十 木 木 木 木 栏 栏 栏 样 样 样 様 様
不	フ ブ	不安な（フアンな）불안하다 不景気（フケイキ）불경기　　不便（フベン）불편 水不足（みずブソク）물부족
	아닐 불	(4) 一 丆 不 不
姉	あね　ねえ シ	姉（あね）언니 お姉さん（おねえさん）언니 姉妹（シマイ）자매
	누이 자	(8) 𡿨 女 女 女 女 妒 姉 姉
兄	あに　にい キョウ　ケイ	兄（あに）형 お兄さん（おにいさん）형 兄弟（キョウダイ）형제　　父兄（フケイ）부형
	형, 언니 형	(5) 丨 口 口 尸 兄

漢	カン 한나라 한	漢字（カンジ）한자 漢方薬（カンポウヤク）한방약 漢和辞典（カンワジテン）한자사전 (13) 
卒	ソツ 갑자기, 마칠 졸	卒業する（ソツギョウする）졸업하다 卒業式（ソツギョウシキ）졸업식 (8) 
工	コウ ク 장인 공	工学（コウガク）공학 工事（コウジ）공사　工場（コウジョウ）공장 大工（ダイク）목수 (3) 
研	ケン と 연구할 연	研究（ケンキュウ）연구 研修（ケンシュウ）연수　研ぐ（とぐ）갈다 (9) 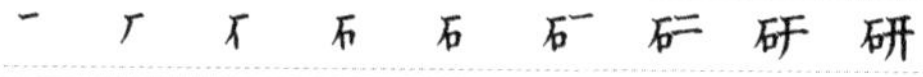
究	キュウ きわ 연구할 구	研究（ケンキュウ）연구 探究（タンキュウ）탐구 究める（きわめる）깊이 연구하다 (7) 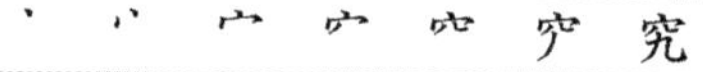
質	シツ シチ 근본, 물을 질	質問（シツモン）질문 質がいい（シツがいい）질이 좋다 質屋（シチや）전당포 (15) 
問	モン と 물을, 방문할 문	質問（シツモン）질문 問題（モンダイ）문제　訪問（ホウモン）방문 問う（とう）묻다 (11) 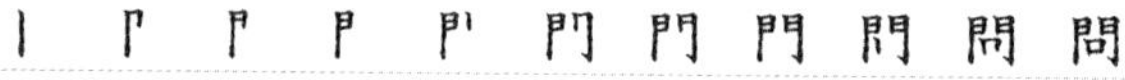
多	おお タ 많을 다	多い（おおい）많다 ～の多く（～のおおく）～많이 多数決（タスウケツ）다수결 (6) 

Ⅰ. 漢字《かんじ》の練習《れんしゅう》

A. 다음 제시된 발음으로 한자를 읽고, 외워 보세요.

世話(セワ)　　不安(フアン)　　思い出す(おもいだす)

大切(タイセツ)　　友人(ユウジン)　　大学院(ダイガクイン)

B. 다음 한자를 읽어 보세요(답은 아래에 있습니다).

1. 手紙　2. さむい日　3. 出る　4. 上手

5. 教える　6. 本当に　7. 来年　8. その時

9. 十日　10. 特に

[Ⅰ-B] 답　1. てがみ　2. さむいひ　3. でる　4. じょうず　5. おしえる　6. ほんとうに
7. らいねん　8. そのとき　9. とおか　10. とくに

Ⅱ. お礼《れい》の手紙

単語

- 季節(きせつ)　계절
- いかが　어떻게 (どう의 존경어)
- たつ　지나다
- ～中(～ちゅう)　～ 중
- たいへん　매우
- お世話になる(おせわになる)　신세지다
- 思い出す(おもいだす)　추억하다
- なつかしい　그립다
- それでは　그러면, 그럼
- みな様(みなさま)　여러분 (みなさん의 존경어)
- 大切にする(たいせつにする)　소중히 하다

A. 다음 질문에 답하세요.

1. あなたはよく手紙を書きますか。どんな時に手紙を書きますか。

2. 日本語の手紙はたいてい季節《きせつ》のあいさつで始まります。次の文はどの季節ですか。

春　夏　秋　冬

a. 暑《あつ》い日が続《つづ》きます。　(　　　)

b. 桜《さくら》の花がきれいな季節《きせつ》になりました。　(　　　)

c. 今年初《はじ》めて雪《ゆき》が降《ふ》りました。　(　　　)

d. 山の紅葉《こうよう》がとてもきれいです。　(　　　)

B. 제이슨은 홈스테이 가족에게 감사 편지를 썼습니다. 다음 편지를 읽어 보세요.

C. 다음 질문에 답하세요.

1. ジェイソンさんはどうしてもっと早く手紙を書かなかったのですか。

2. ジェイソンさんは何を思い出しますか。

3. ジェイソンさんは冬休みに何をしますか。

4. ジェイソンさんはいつ日本に行くつもりですか。

小野様

ロンドンではさむい日がつづいていますが、東京はいかがですか。もっと早く手紙を書こうと思っていたのですが、大学の授業でいそがしくて、日本を出てから三か月もたってしまいました。

留学中はたいへんお世話になりました。はじめは日本語がわからなくて、不安でした。でもお母さんとお父さんのおかげで、日本語が上手になりました。日本語や日本の生活についていろいろ教えてくださってどうもありがとうございました。

お姉さんといっしょにテニスをしたり、お兄さんとしょうぎをしたりしたことを今も思い出します。日本に行って、本当によかったと思います。あまり好きじゃなかった日本のおふろやまんいん電車も今はなつかしいです。

私はこの冬休みは自分で漢字を勉強しようと思っています。来年大学を卒業したら、もう一度日本にもどるつもりです。

その時、会えるのを楽しみにしています。

それでは、みな様によろしくおつたえください。

お体を大切になさってください。

十二月十日

ジェイソン・グリーンバーグ

・しょうぎ　장기

Ⅲ. マリアさんの手紙

単　語

・突然(とつぜん)　갑자기
・友人(ゆうじん)　친구
・国際(こくさい)　국제
・政治(せいじ)　정치
・電気工学(でんきこうがく)　전기공학
・研究する(けんきゅうする)　연구하다
・受ける(うける)　(시험 등을)치르다
・～のために　～때문에
・申し込む(もうしこむ)　신청하다
・もし～たら　만약 ～하면
・質問(しつもん)　질문
・申し訳ありません(もうしわけありません)　죄송합니다
・どうぞよろしくお願いします(どうぞよろしくおねがします)　잘 부탁드립니다

A. 마리아는 일본에서 유학하고 있는 박수만에게 편지를 썼습니다. 다음 편지를 읽어 보세요.

B. 다음 문장을 완성하세요.

マリアさんは今カリフォルニア大学で ________________ を勉強しています。卒業したら、______________________________ たいと思っています。パクさんは ______________________________ ています。マリアさんは日本の大学院について聞きたいので、パクさんに手紙を書きました。手紙で質問を三つしました。

1) ____

2) ____

3) ____

パク・スーマン様

突然《とつぜん》のお手紙、失礼《しつれい》します。私はマリア・エバンズと言います。友人のモハメッドさんの紹介《しょうかい》でお手紙を書いています。

私は今、カリフォルニア大学の四年生です。卒業したら、日本の大学院で国際政治《こくさいせいじ》を勉強しようと思っています。私の専門《せんもん》は政治で、大学では特にアメリカと日本の関係《かんけい》について勉強しました。パクさんは日本の大学院で電気工学を研究していらっしゃると聞きました。日本の大学院について教えていただけないでしょうか。

大学院に入る前に、日本語の試験を受《う》けなくてはいけないと聞きましたが、パクさんは試験のためにどんな勉強をなさいましたか。また、日本は生活費《ひ》が高いので、奨学金《しょうがくきん》に申《もう》し込《こ》みたいと考えているのですが、どうしたらいいでしょうか。もし奨学金がもらえなかったら、アルバイトを探《さが》そうと思っています。留学生がアルバイトを見つけるのはむずかしいでしょうか。質問が多くなってしまって、申《もう》し訳《わけ》ありません。お忙《いそが》しいと思いますが、どうぞよろしくお願《ねが》いします。

二月二十五日

マリア・エバンズ

IV. 書く練習《れんしゅう》

A. 그동안 신세를 졌던 사람에게 감사의 편지를 써 보세요.

B. 궁금한 것에 대한 질문 편지를 써 보세요.

カード／はがきの表現《ひょうげん》

카드 / 엽서 표현

1. 새해 인사

あけましておめでとうございます。(새해 복 많이 받으세요.)

新年《しんねん》おめでとうございます。(새해 복 많이 받으세요.)

謹賀《きんが》新年　(근하신년)

昨年《さくねん》は大変《たいへん》お世話になりました。(작년에 신세 많이 졌습니다.)

本年《ほんねん》もどうぞよろしくお願《ねが》いいたします。(올해도 잘 부탁드립니다.)

2. 여름 인사

暑中《しょちゅう》お見舞《みま》い申《もう》し上《あ》げます。(더운데 건강 조심하세요.)

3. 축하 메시지

ご卒業おめでとうございます。(졸업을 축하합니다.)

ご結婚おめでとうございます。(결혼을 축하합니다.)

誕生日《たんじょうび》おめでとう。(생일 축하해.)

4. 쾌유의 메시지

早くよくなってください。(빨리 완쾌바랍니다.)

漢字練習

春	春	春	春						
秋	秋	秋	秋						
冬	冬	冬	冬						
花	花	花	花						
様	様	様	様						
不	不	不	不						
姉	姉	姉	姉						
兄	兄	兄	兄						
漢	漢	漢	漢						
卒	卒	卒	卒						
工	工	工	工						
研	研	研	研						
究	究	究	究						
質	質	質	質						
問	問	問	問						
多	多	多	多						

漢字活用

Ⅰ. 다음 빈 칸을 히라가나는 한자로, 한자는 히라가나로 채워 보세요.

1. ________と________によろしくお伝《つた》えください。
   おにいさん　おねえさん

2. ______より______のほうが好きです。
   はる　あき

3. ______は______の歴史《れきし》を________います。
   あね　かんじ　けんきゅうして

4. ______は______があまり咲《さ》きません。
   ふゆ　はな

5. ______では名前の後ろに「______」と書きます。
   てがみ　さま

6. ______が________、______です。
   しつもん　おおくて　ふあん

7. 大学で______を勉強しています。______、________。
   こうがく　らいねん　そつぎょうします

8. ときどき日本の________を________。
   友人　思い出します

9. あの人は______な友だちです。とても______になりました。
   大切　お世話

10. ______が________に入りました。
    あに　大学院

LESSON 20

猫《ねこ》の皿

皿	さら ざら	皿（さら）접시 灰皿（はいざら）재털이
	그릇 명	(5) 
声	こえ セイ	声（こえ）소리 音声学（オンセイガク）음성학 無声映画（ムセイエイガ）무성영화
	소리 성	(7) 
茶	チャ サ	お茶（おチャ）차　茶店（チャみせ）찻집 紅茶（コウチャ）홍차　茶色（チャいろ）갈색 喫茶店（キッサテン）다방
	차 다	(9) 
止	と シ	止まる（とまる）멈추다 中止する（チュウシする）중지하다 禁止する（キンシする）금지하다
	그칠, 막을 지	(4) 
枚	マイ	一枚（イチマイ）한장 枚数（マイスウ）매수, 장수
	낱 매	(8) 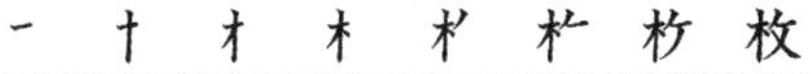
両	リョウ	三両（サンリョウ）3량　両親（リョウシン）양친 両手（リョウて）양손　両替（リョウがえ）환전 両方（リョウホウ）쌍방, 양쪽
	둘 량	(6) 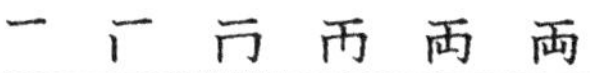
無	ム ブ　な	無理な（ムリな）무리하다 無駄な（ムダな）쓸데없다　無料（ムリョウ）무료 無礼な（ブレイな）무례하다　無い（ない）없다
	없을 무	(12) 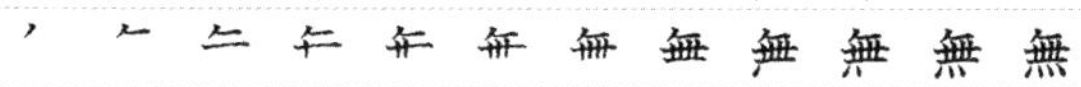
払	はら ばら	払う（はらう）지불하다 払い戻し（はらいもどし）환불 分割払い（ブンカツばらい）할부
	떨칠 불	(5) 

心	こころ シン	心（こころ）마음　心配する（シンパイする）걱정하다 熱心な（ネッシンな）열심이다　安心な（アンシンな）안심하다　好奇心（コウキシン）호기심
	마음 심	(4) … 心
笑	わら え　ショウ	笑う（わらう）웃다 微笑む（ほほえむ）미소짓다 爆笑する（バクショウする）폭소하다
	웃을 소	(10) … 笑
絶	ゼッ た　ゼツ	絶対に（ゼッタイに）절대로 絶える（たえる）끊어지다 気絶する（キゼツする）기절하다　絶望（ゼツボウ）절망
	끊어질 절	(12) … 絶
対	タイ ツイ	絶対に（ゼッタイに）절대로　反対する（ハンタイする）반대하다　日本対中国（ニホンタイチュウゴク）일본 대 중국　一対（イッツイ）한 쌍, 한 벌
	대할 대	(7) … 対 対
痛	いた ツウ	痛い（いたい）아프다 頭痛（ズツウ）두통 鎮痛剤（チンツウザイ）진통제
	아플 통	(12) … 痛
最	サイ もっと	最悪（サイアク）최악　最近（サイキン）최근 最高（サイコウ）최고　最後に（サイゴに）마지막에 最も（もっとも）가장
	가장 최	(12) … 最
続	つづ ゾク	続ける（つづける）계속하다 手続き（てつづき）수속　相続する（ソウゾクする）상속하다　連続ドラマ（レンゾクドラマ）연속드라마
	이를 속	(13) … 続

Ⅰ. 漢字《かんじ》の練習《れんしゅう》

A. 다음 제시된 발음으로 한자를 읽고, 외워 보세요.

外(そと)　　何度も(ナンドも)　　最悪(サイアク)

B. 다음 한자를 읽어 보세요(답은 아래에 있습니다).

1. 時代　2. 始まる　3. 話　4. 人気
5. 所　6. 物　7. 安い　8. 買う
9. 入る　10. 知らない　11. 家族　12. 持っていく

Ⅱ. 猫《ねこ》の皿

単語

・落語(らくご)　만담
・落語家(らくごか)　만담가
・身ぶり(みぶり)　몸짓
・いなか　시골
・値段(ねだん)　가격
・茶店(ちゃみせ)　찻집
・えさ　모이, 먹이
・止まる(とまる)　멈추다
・する　~의 값이다, ~하다
・きっと　반드시, 꼭
・主人(しゅじん)　주인
・あんなに　저렇게
・だます　속이다
・抱く(だく)　안다
・にこにこする　방글방글 웃다
・無理な(むりな)　무리이다
・うれしそうに　기쁜 듯이
・やった　해냈다
・心(こころ)　마음
・何度も(なんども)　몇 번이나
・絶対に(ぜったいに)　절대로
・渡す(わたす)　건네(주)다
・がっかりする　실망하다
・ひっかく　세게 긁다, 할퀴다
・最悪(さいあく)　최악
・あぶない　위험하다

[Ⅰ-B] 답　1. じだい　2. はじまる　3. はなし　4. にんき　5. ところ　6. もの
7. やすい　8. かう　9. はいる　10. しらない　11. かぞく　12. もっていく

A. 다음 질문에 답하세요.

1. これは日本です。何年ぐらい前だと思いますか。

2. これは何だと思いますか。

3. これは何だと思いますか。

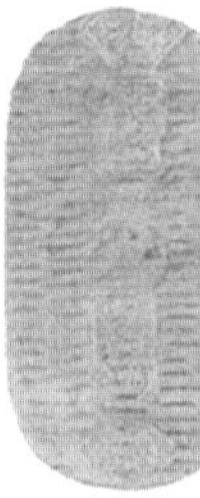

4. この人は何をしていると思いますか。

出典：1. 広重／東都大伝馬街繁栄之図（東京都立中央図書館東京誌料文庫所蔵）
2. 広重／東海道五十三次之内　鞠子（東京国立博物館所蔵）
3. 資料協力：東海銀行貨幣資料館　4. 写真提供：共同通信社

B. 만담「猫《ねこ》の皿」를 읽어 보세요.

落語《らくご》は今から三百年以上前の江戸《えど》時代*に始まりました。この時代にたくさんの人の前でおもしろい話をして、お金をもらう人がいました。このおもしろい話を落語と言い、落語をする人を落語家《か》と言います。落語家は一人でいろいろな声や身《み》ぶりを使って、おもしろい話をします。今でも落語はとても人気があります。

江戸《えど》時代の落語《らくご》の一つ、「猫《ねこ》の皿」を読んでみましょう。

ある所に一人の男がいました。男はいなかに行って、古い物を安く買い、江戸《えど》*でそれを高い値段《ねだん》で売っていました。

ある日、男は川のそばにある茶店に入りました。男は茶店でお茶を飲みながら、外を見ていました。その時、猫《ねこ》が歩いてきて、えさが入った皿の前で止まりました。男はびっくりしました。その皿はとてもめずらしい物で、一枚三百両*もする皿だったのです。

男は思いました。

「きっと茶店の主人はあの皿がいくらか知らないんだ。だからあんなに高い物を猫《ねこ》の皿に使っているんだ。そうだ！主人をだまして、あの皿をいただこう！」

男は猫《ねこ》を抱《だ》き、にこにこしながら主人に言いました。

「かわいい猫だね。私は猫が大好きなんだ。前に猫を飼《か》っていたけど、どこかに行っちゃって……。ご主人、この猫くれないか。」

「無理でございます。この猫は私の家族みたいで、とてもかわいいんです。」と主人は言いました。「じゃあ、三両払うから、どうだ？」

三両というお金はとても大きいお金です。

「わかりました。猫《ねこ》をさしあげましょう。」茶店の主人はうれしそうに言いました。

「やった！」

男は心の中で笑いました。そして主人に三両払って、言いました。

「この猫《ねこ》の皿もいっしょに持っていくよ。」

「それはさしあげられません。」主人は言いました。

「どうして。こんなきたない皿。いいだろう。」

男は何度も頼《たの》みましたが、主人は絶対に皿を渡《わた》しませんでした。

男はがっかりしました。その時、猫《ねこ》が男をひっかきました。

「痛い！何だ、この猫！こんな猫、いらないよ！」

皿はもらえないし、猫はひっかくし、最悪です。男は主人に聞いてみました。

「どうしてその皿を渡《わた》したくないんだ。」

「これはとてもめずらしい皿で、一枚三百両もいたします。家に置《お》いておくとあぶないので、こちらに持ってきているんです。」

主人は話を続けました。

「それに、ここに皿を置《お》いておくと、ときどき猫《ねこ》が三両で売れるんですよ。」

・江戸時代(えどじだい)　에도 시대(1603~1867)
・江戸(えど)　에도
・両(りょう)　에도 시대의 화폐단위(1両≒75,000円)

B. 다음 질문에 답하세요.

1. 男はどんな仕事をしていましたか。

2. 茶店にあった皿の値段《ねだん》はいくらでしたか。

3. どうして男は猫《ねこ》をほしがったのですか。

4. 男はいくらで猫を買いましたか。

5. 男は皿を持って帰りましたか。

6. どうして主人は皿を茶店に置《お》いておくのですか。

7. 茶店の主人と、男と、どちらがかしこいですか。

Ⅲ. 書く練習《れんしゅう》

A. 다음 만화를 보고, 이야기를 만들어 보세요.

(1)

根本進『クリちゃん＜みどりの本＞』
p. 4「あ　わすれちゃった」
(さ・え・ら書房, 1978年)

(2)

根本進『クリちゃん〈そらいろの本〉』
p. 18「きっとおかあさんがくるよ」
(さ・え・ら書房, 1978年)

B. 자신이 알고 있는 재미있는 이야기를 써 보세요.

漢字練習

皿	皿	皿	皿						
声	声	声	声						
茶	茶	茶	茶						
止	止	止	止						
枚	枚	枚	枚						
両	両	両	両						
無	無	無	無						
払	払	払	払						
心	心	心	心						
笑	笑	笑	笑						
絶	絶	絶	絶						
対	対	対	対						
痛	痛	痛	痛						
最	最	最	最						
続	続	続	続						

漢字活用

I. 다음 빈 칸을 히라가나는 한자로, 한자는 히라가나로 채워 보세요.

1. ________の中で____________いましたが、話を____________________。
   こころ　　　わらって　　　　　　　　つづけました

2. _____で食べる時は、たいてい______________が____________くれます。
   外　　　　　　　　　りょうしん　　　はらって

3. その_________は一___________三__________でした。
   さら　　　まい　　　りょう

4. 日本語で説明《せつめい》したかったんですが、______________でした。
   むり

5. その________________に____________も行ったことがあります。
   ちゃみせ　　　何度

6. ___________________に、____________________ください。
   ぜったい　　　とまらないで

7. _______________、のどが_______________、___________が出ません。
   さいきん　　　いたくて　　　こえ

8. この_______________はまずいし、安くないし、______________です。
   おちゃ　　　　　　　　　　　最悪

LESSON 21

厄《やく》年《どし》

信	シン 믿을 신	信じる（シンじる）믿다 自信（ジシン）자신　　信号（シンゴウ）신호 迷信（メイシン）미신 (9) ノ 亻 亻 仁 仁 仨 信 信 信
経	ケイ　た 경서 경	経験（ケイケン）경험　　経つ（たつ）경과하다 経済（ケイザイ）경제　神経質（シンケイシツ）신경 질　　経営学（ケイエイガク）경영학 (11) く 幺 幺 糸 糸 糸 紀 経 経 経 経
台	タイ　ダイ 대 대	台風（タイフウ）태풍 二台（ニダイ）두 대 舞台（ブタイ）무대　　台所（ダイどころ）부엌 (5) ム ム 台 台 台
風	フウ かぜ 바람 풍	台風（タイフウ）태풍 和風（ワフウ）일본풍　風（かぜ）바람 風邪をひく（かぜをひく）감기에 걸리다 (9) 丿 几 凡 凡 凧 凬 風 風 風
犬	いぬ ケン 개 견	犬（いぬ）개 番犬（ばんケン）번견(파수 보는 개) 盲導犬（モウドウケン）맹인견 (4) 一 ナ 大 犬
重	おも かさ　ジュウ チョウ 무거울, 겹칠 중	重い（おもい）무겁다 重ねる（かさねる）겹치다　体重（タイジュウ）체중 貴重品（キチョウヒン）귀중품 (9) 一 二 千 千 肓 盲 重 重 重
初	はじ ショ　はつ 처음 초	初めは（はじめは）처음에는 初めて（はじめて）처음(으로)　最初（サイショ）최초 初雪（はつゆき）첫눈　　初恋（はつこい）첫사랑 (7) 丶 ㇇ 礻 礻 礻 初 初
若	わか 어릴 약	若い（わかい）젊다 若者（わかもの）젊은이 (8) 一 十 艹 艹 芏 若 若 若

送	おく ソウ 보낼 송	送る（おくる）보내다 送金（ソウキン）송금　　放送（ホウソウ）방송 回送電車（カイソウデンシャ）회송열차 (9) 
幸	しあわ コウ　さいわ 다행 행	幸せな（しあわせな）행복하다 幸運（コウウン）행운　　不幸（フコウ）불행 幸い（さいわい） 다행이다 (8) 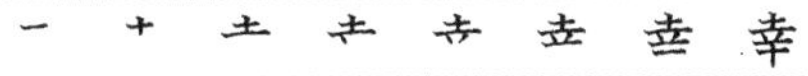
計	ケイ はか 셈할 계	時計（トケイ）시계 合計（ゴウケイ）합계 計る（はかる）의논하다, 헤아리다 (9) 
遅	おく　おそ チ 깨달을 달	遅れる（おくれる）늦다　　遅い（おそい）늦다 遅刻する（チコクする）지각하다 (12) 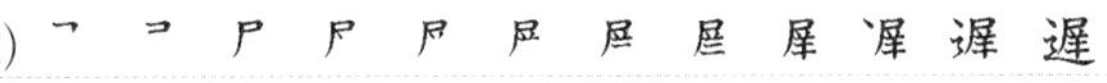
配	パイ くば　ハイ 짝, 나눌 배	心配な（シンパイな）걱정하다 配る（くばる）분배하다　　配達（ハイタツ）배달 (10) 
弟	おとうと　ダイ デ 아우, 제자 제	弟（おとうと）남동생 兄弟（キョウダイ）형제 弟子（デシ）제자 (7) 
妹	いもうと マイ 누이동생 매	妹（いもうと）여동생 姉妹（シマイ）자매 (8) 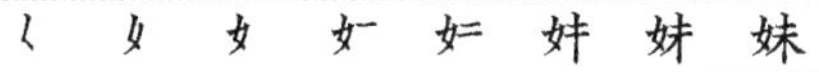

Ⅰ. 漢字《かんじ》の練習《れんしゅう》

A. 다음 제시된 발음으로 한자를 읽고, 외워 보세요.

入院(ニュウイン)　食事(ショクジ)　時計(トケイ)
通う(かよう)　心配(シンパイ)

B. 다음 한자를 읽어 보세요(답은 다음 페이지에 있습니다).

1. 起こる　2. 昔　3. 二十五歳　4. 病気
5. 長い間　6. 去年　7. 親　8. 乗る
9. 部屋　10. 自転車　11. 写真

Ⅱ. 厄年《やくどし》

単 語

- 迷信(めいしん)　미신
- 起こる(おこる)　일어나다
- 多くの～(おおくの～)　많은～
- 信じる(しんじる)　믿다
- ただの～　단지～
- 入院する(にゅういんする)　입원하다
- 占い(うらない)　점
- 気にする(きにする)　걱정하다
- 長い間(ながいあいだ)　오랜 동안
- 一生懸命(いっしょうけんめい)　매우 열심히 함
- ぜいたくをする　사치를 하다
- めったに～ない　좀처럼～않다
- 食事(しょくじ)　식사
- ところが　그런데
- 楽しみ(たのしみ)　즐거움
- 通う(かよう)　다니다(～に)
- 不便な(ふべんな)　불편하다
- 心配な(しんぱいな)　걱정하다
- お守り(おまもり)　부적

A. 다음 질문에 답하세요.

1. あなたの国にどんな迷信《めいしん》がありますか。例《たと》えば、黒い猫《ねこ》を見ると、悪いことが起こります。

2. 今までに悪いことがたくさん起こった時がありましたか。その時どうしましたか。

B. 「厄年《やくどし》」의 이야기를 읽어 보세요.

厄年(やくどし) 일생동안 재난을 맞기 쉽다고 하는 해 (음양도에서 남자는 25, 42세, 여자는 19, 33세를 말함)

「厄年《やくどし》」という言葉《ことば》を聞いたことがありますか。厄年に悪いことがよく起こると、昔から多くの日本人は信じています。男の人の厄年は二十五歳と四十二歳、女の人の厄年は十九歳と三十三歳です。これはただの迷信《めいしん》だと言う人もいますが、厄年に大変《たいへん》なことを経験する人も多いそうです。ある友だちは台風で家が壊《こわ》れてしまいました。ある友だちは飼《か》っていた犬に死なれました。また、ある友だちは急に重い病気になって入院しなくてはいけませんでした。

私は今年が厄年《やくどし》です。友だちは気をつけたほうがいいと言いましたが、私は占《うらな》いや迷信《めいしん》が大きらいなので、初めはぜんぜん気にしていませんでした。でも……

私は今、オーストラリアで勉強しています。外国で勉強するのは長い間の夢《ゆめ》でした。日本で学校を卒業してから、一生懸命《けんめい》仕事をしてお金をためました。そして、去年ここに来ました。

ここには若い日本人の留学生がたくさんいます。みんな親にお金を送ってもらって、いいアパートに住んで、いい車に乗っています。休みには、いろいろな所に旅行に行ったりしています。私はそんなぜいたくができません。安いアパートに住んで、めったに外で食事をしたり、旅行に行ったりしません。でも、夢《ゆめ》がかなったの

[Ⅰ-B] 답　1. おこる　2. むかし　3. にじゅうごさい　4. びょうき　5. ながいあいだ　6. きょねん　7. おや　8. のる　9. へや　10. じてんしゃ　11. しゃしん

で、毎日がどても幸せでした。ほかの日本人がうらやましいと思ったことはありませんでした。

ところが、きのう大変《たいへん》なことがありました。アパートに帰った時、ドアのかぎが壊《こわ》され、部屋がめちゃくちゃになっていたのです。びっくりして何が起こったのかわかりませんでした。でも、すぐ「どろぼうに入られた。」と気がつきました。

いろいろな物を取《と》られました。テレビ、ラジカセ、カメラ、時計、そして自転車も。テレビを見たり、音楽を聞いたりするのは、私の楽しみでした。カメラにはオーストラリアで初めて行った旅行の写真が入っていました。自転車は、学校に通う時使っていました。今日からバスで通わなくてはいけません。バスはよく遅れるし、一時間に一台しかないから、とても不便《ふべん》です。

「どうしてどろぼうは私のアパートに入ったんだろう。どうしてお金持ちの日本人のアパートに入らなかったんだろう。」と思ってしまいました。日本人の友だちに話したら、「厄年《やくどし》だから、やっぱり悪いことが起こったんだよ。」と言われました。

今、とても心配です。また悪いことが起こるかもしれません。今度、弟か妹にお守《まも》りを送ってもらおうと思います。みなさんは厄年《やくどし》を信じますか。

C. 다음 질문에 답하세요.

1. 厄年《やくどし》にこの人の友だちはどんなことを経験しましたか。

   (1) ______________________

   (2) ______________________

   (3) ______________________

2. この女の人は今、何歳でしょうか。

3. この人はオーストラリアに行く前、厄年《やくどし》を信じていましたか。

4. この人の夢《ゆめ》は何でしたか。

5. この人と若い日本人留学生は、どんなところが違《ちが》いますか。

6. きのう何がありましたか。

7. 何を取《と》られましたか。

8. 今日からどうやって学校に通いますか。

9. 友だちはどうして悪いことが起こったと思っていますか。

10. この人は今、厄年《やくどし》を信じていますか。

III. 書く練習《れんしゅう》

자신의 좋지 않았던 경험을 써 보세요.

漢字練習

信	信	信	信						
経	経	経	経						
台	台	台	台						
風	風	風	風						
犬	犬	犬	犬						
重	重	重	重						
初	初	初	初						
若	若	若	若						
送	送	送	送						
幸	幸	幸	幸						
計	計	計	計						
遅	遅	遅	遅						
配	配	配	配						
弟	弟	弟	弟						
妹	妹	妹	妹						

漢字活用

Ⅰ. 다음 빈 칸을 히라가나는 한자로, 한자는 히라가나로 채워 보세요.

1. 今年__________、__________が来ました。
   はじめて　　たいふう

2. __________に__________を__________。
   きょうだい　　しゃしん　　おくりました

3. 飼《か》っていた__________が死んで、もう五年が__________。
   いぬ　　たちました

4. __________は__________でしたが、いい__________ができました。
   はじめ　　しんぱい　　けいけん

5. __________になれると__________います。
   しあわせ　　しんじて

6. この__________は十分__________います。
   とけい　　おくれて

7. 私の__________はまだ__________です。
   親　　わかい

8. __________、__________が__________ __________で__________しました。
   きょねん　　おとうと　　おもい　　病気　　入院

9. 毎日会社まで__________で__________います。
   じてんしゃ　　通って

10. __________はコンピューターを__________も持っています。
    いもうと　　さんだい

11. __________が__________ので、おなかがすいていません。
    食事　　おそかった

LESSON 22

友美《ともみ》さんの日記

記	キ 기록할 기	**日記**（ニッキ）일기 **記入する**（キニュウする）기입하다 **記事**（キジ）기사　**暗記する**（アンキする）암기하다 (10) 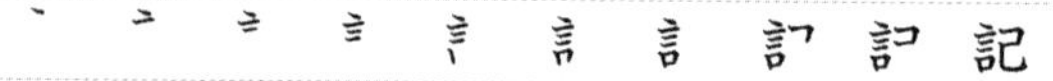
銀	ギン 은 은	**銀行**（ギンコウ）은행 **銀メダル**（ギンメダル）은메달 **銀世界**（ギンセカイ）은세계 (14) 
回	カイ まわ 돌아올, 횟수 회	**一回**（イッカイ）일회　**回送バス**（カイソウバス）회송버스　**最終回**（サイシュウカイ）최종회 **回す**（まわす）돌다 (6) 
夕	ゆう 저녁 석	**夕方**（ゆうがた）저녁때 **夕食**（ゆうショク）저녁 식사 **七夕**（たなばた）칠월칠석 (3) 
黒	くろ コク 검을 흑	**黒木さん**（くろきさん）구로키 씨　**黒い**（くろい）검다 **白黒写真**（しろくろシャシン）흑백사진 **黒板**（コクバン）칠판 (11) 
用	ヨウ 쓸 용	**用事**（ヨウジ）볼일, 용건 **用意する**（ヨウイする）준비하다 **子供用**（こどもヨウ）어린이용 (5) 
守	ス　まも シュ 지킬 수	**留守**（ルス）부재 **留守番電話**（ルスバンデンワ）자동 응답 전화기 **お守り**（おまもり）부적　**守衛**（シュエイ）수위 (6) 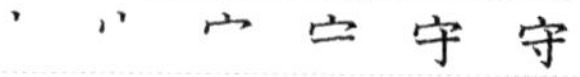
末	マツ すえ 끝 말	**週末**（シュウマツ）주말 **月末**（ゲツマツ）월말　**期末試験**（キマツシケン）기말시험　**末**（すえ）말 (5) 

待	ま まち　タイ 기다릴 대	**待つ**（まつ）기다리다 **待合室**（まちあいシツ）대합실　**期待する**（キタイする） 기대하다　**招待**（ショウタイ）초대 (9) 
残	ザン　のこ 남을 잔	**残業**（ザンギョウ）잔업　**残す**（のこす）남기다 **残念**（ザンネン）유감스러움 **心残り**（こころのこり）유감, 미련 (10) 
番	バン 차례 번	**留守番電話**（ルスバンデンワ）자동 응답 전화기 **一番**（イチバン）첫째　**番号**（バンゴウ）번호 **番組**（バンぐみ）TV 프로그램 (12) 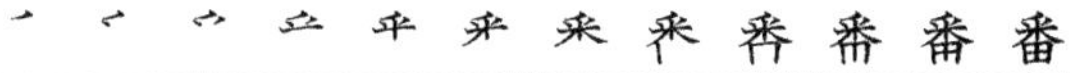
駅	エキ 역, 정거장 역	**駅**（エキ）역　**東京駅**（トウキョウエキ）도쿄역 **駅員**（エキイン）역무원 **駅前**（エキまえ）역 앞 (14) 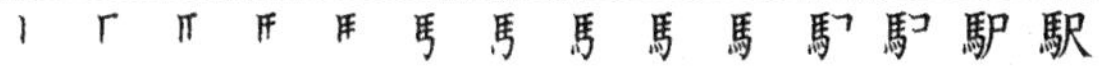
説	セツ セッ 말씀 설	**説明する**（セツメイする）설명하다 **小説**（ショウセツ）소설　**小説家**（ショウセツカ）소설가 **説教する**（セッキョウする）설교하다 (14) 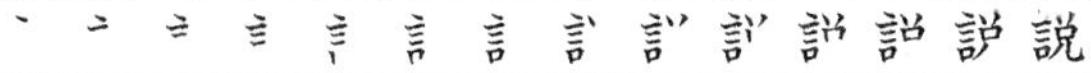
案	アン 생각할 안	**案内する**（アンナイする）안내하다 **案内所**（アンナイジョ）안내소 **安**（アン）생각, 계획 (10) 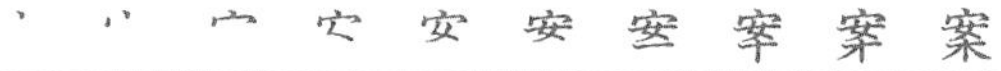
内	ナイ 안 내	**案内する**（アンナイする）안내하다 **家内**（カナイ）부인 **国内旅行**（コクナイリョコウ）국내여행 (4) 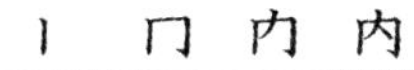
忘	わす ボウ 잊을 망	**忘れる**（わすれる）잊다 **忘れ物**（わすれもの）잊은 물건, 분실물 **忘年会**（ボウネンカイ）망년회 (7) 

Ⅰ. 漢字《かんじ》の練習《れんしゅう》

A. 다음 제시된 발음으로 한자를 읽고, 외워 보세요.

日記(ニッキ)　夕方(ゆうがた)　留守(ルス)
親友(シンユウ)　説明(セツメイ)　代わりに(かわりに)
二日間(ふつかカン)

B. 다음 한자를 읽어 보세요(답은 아래에 있습니다).

1. 経つ　2. 一か月　3. 彼女　4. 急に　5. 後は
6. 夜　7. 何度も　8. 電話　9. 先週

Ⅱ. 友美《ともみ》さんの日記

単　語

- うらやましがる　부러워하다
- 帰ってくる(かえってくる)　돌아오다
- 相変わらず(あいかわらず)　변함없이
- タイプ　타입
- うまく　잘, 솜씨 좋게
  うまくいく　일이 잘 되다
- 待ち遠しい(まちどおしい)
  오래 기다리다(〜が)
- メッセージ　메시지
- なんだか　왜 그런지, 어쩐지
- しかたがない　방법이 없다
- ホーム　플랫홈
- 楽しそうに(たのしそうに)
  즐거운 듯이
- 親友(しんゆう)　친한 친구
- 勇気(ゆうき)　용기
- 逃げる(にげる)　도망치다, 회피하다
- それで　그래서
- 代わりに(かわりに)　대신에
- 二日間(ふつかかん)　이틀간

[Ⅰ-B] 답　1. たつ　2. いっかげつ　3. かのじょ　4. きゅうに　5. あとは　6. よる
7. なんども　8. でんわ　9. せんしゅう

A. 다음 질문에 답하세요.

1. あなたは日記を書きますか。日記にどんなことを書きますか。

2. 彼や彼女がいない時、友だちにだれか紹介《しょうかい》してもらったことがありますか

B. 도모미의 일기를 읽어 보세요.

三月二十一日（日）

研一《けんいち》に会いに東京に行った。彼が東京の銀行に就職《しゅうしょく》してからもう二年が経つ。大学の時は毎日会っていたのに、今は私が東京に行ったり、彼が大阪《おおさか》に来たりして一か月に一回ぐらいしか会えない。夏子《なつこ》はいつも私たちのことをうらやましがっているけど、東京まで会いに行くのは大変《たいへん》。早く大阪に帰ってきてほしい。

四月二十三日（金）

今日は研一《けんいち》が大阪《おおさか》に来て、夕方お酒《さけ》を飲みに行った。研一は相変《あいか》わらず仕事が忙《いそが》しそうだ。研一の同僚《どうりょう》の黒木さんが彼女を探《さが》していると聞いた。東京に行った時、研一に紹介《しょうかい》してもらったけど、すごくおもしろくていい人だ。黒木さんは夏子《なつこ》のように静《しず》かな人がタイプかもしれない。今度二人を会わせようと思う。夏子が東京に行った時、研一が黒木さんを紹介する予定《よてい》。うまくいくといいけど。

五月十二日（水）

今日の夏子《なつこ》はちょっと変《へん》だった。私が東京のことを聞いてみたが、あまり話してくれなかった。黒木さんに急に用事ができて、会えなかったと言っただけで、後は話したくなさそうだった。夜、研一《けんいち》に何度も電話したけど、留守だった。研一ならいろいろ教えてくれると思ったのに、残念《ざんねん》。仕事が忙《いそが》しいんだろう。でも、週末は大阪《おおさか》で会える。今から待ち遠《どお》しい。

五月十四日（金）

今日も残業で疲《つか》れた。それに「急に出張《しゅっちょう》が入って大阪《おおさか》に行けなくなった」という研一《けんいち》のメッセージが留守番電話に入っていた。なんだか落《お》ち込《こ》んでしまった。仕事だからしかたがないけど。

帰る時、駅のホームで夏子《なつこ》を見た。男の人と一緒《いっしょ》に楽しそうに話していた。顔《かお》は見えなかったけど、背《せ》が高い男の人だった。彼ができたのかな。どうして私に言ってくれないんだろう。親友なのに。

五月二十二日（土）

今日研一《けんいち》から手紙が来た。……

友美《ともみ》へ

友美に手紙を書くのは本当にひさしぶりだね。ぼくは友美にうそをついていた。ずっと言わなくちゃいけないと思っていたんだけど、勇《ゆう》気《き》がなくて今まで逃《に》げていた。うまく説明できるといいんだが……。夏子《なつこ》さんが東京に来た時、黒木は急に用事ができて、来られなくなってしまった。それで、ぼくが代わりに二日間東京を案内してあげたんだ。美術《びじゅつ》館に行ったり、東京ディズニーランドに行ったりして、楽しかった。彼女が大阪《おおさか》に帰った後も、彼女のことが忘れられなかった。先週の週末、「出張《しゅっちょう》で大阪に行けない」と言っていたけど、本当は大阪で夏子さんに会っていたんだ。

C. 내용과 일치하는 곳에 ○표를 하세요.

(　　) 1. 研一《けんいち》は今東京に住んでいる。

(　　) 2. いつも研一と友美《ともみ》は大阪《おおさか》で会っていた。

(　　) 3. 研一と黒木は同じ銀行で働いている。

(　　) 4. 夏子は東京で黒木に会った。

(　　) 5. 研一は出張《しゅっちょう》に行っていたから、友美に会えなかった。

D. 다음 질문에 답하세요.

1. 友美《ともこ》が夏子《なつこ》に電話をした時、夏子はどうしてあまり話したがらなかったのですか。

2. 研一《けんいち》は友美にどんなうそをつきましたか。どうしてうそをついたのですか。

3. あなたが研一／友美／夏子だったら、どうしますか。

III. 書く練習《れんしゅう》

A. 2개월 후의 도모미의 일기를 써 보세요.

B. 자신의 일기를 써 보세요.

漢字練習

記	記	記	記						
銀	銀	銀	銀						
回	回	回	回						
夕	夕	夕	夕						
黒	黒	黒	黒						
用	用	用	用						
守	守	守	守						
末	末	末	末						
待	待	待	待						
残	残	残	残						
番	番	番	番						
駅	駅	駅	駅						
説	説	説	説						
案	案	案	案						
内	内	内	内						
忘	忘	忘	忘						

漢字活用

Ⅰ. 다음 빈 칸을 히라가나는 한자로, 한자는 히라가나로 채워 보세요.

1. ______、友だちが町を______くれました。
しゅうまつ　あんないして

2. ______コートを着て、______で______います。
くろい　えき　まって

3. ______好きな______は何ですか。
いちばん　しょうせつ

4. ______ ______、すぐわかってくれました。
いっかい　せつめいしたら

5. ______、母は______があったので、私が______食事を作りました。
ゆうがた　ようじ　代わりに

6. 今日も______に行くのを______しまいました。
ぎんこう　わすれて

7. ______、______を書きませんでした。
二日間　にっき

8. ______を買って、______に送ってあげました。
おまもり　親友

9. ______にメッセージを______。
るすばんでんわ　のこしました

LESSON 23

これはどんな顔？

顔	かお がお　ガン 얼굴 안	顔（かお）얼굴 顔色（かおいろ）안색　　笑顔（えがお）웃는 얼굴 洗顔（センガン）세안 (18)
情	ジョウ なさ 뜻, 사랑 정	表情（ヒョウジョウ）표정 友情（ユウジョウ）우정　　情報（ジョウホウ）정보 情け（なさけ）정 (11)
怒	おこ いか　ド 성낼 노	怒る（おこる）화내다 怒り（いかり）분노 喜怒哀楽（キドアイラク）희노애락 (9)
変	ヘン か 변할 변	変な（ヘンな）이상하다　大変な（タイヘンな）대단하다 変化（ヘンカ）변화　　変人（ヘンジン）괴짜 変える（かえる）변하다 (9)
相	あい ショウ　ソウ 서로 상	相手（あいて）상대 首相（シュショウ）수상 相談（ソウダン）상담　　相互の（ソウゴの）상호의 (9)
横	よこ オウ 가로 횡	横（よこ）옆　　横書き（よこがき）가로 쓰기 横綱（よこづな）스모의 최고위 横断する（オウダンする）횡단하다 (15)
比	くら ヒ 견줄, 비례 비	比べる（くらべる）비교하다 比較（ヒカク）비교 比喩（ヒユ）비유 (4)
化	カ ば　ケ 될 화	文化（ブンカ）문화　　化学（カガク）화학 同化（ドウカ）동화　　お化け（おばけ）도깨비 化粧（ケショウ）화장 (4)

違	ちが イ 어길, 잘못 위	**違う** (ちがう) 다르다 **間違える** (まちがえる) 틀리다 **違法** (イホウ) 위법 (13) 
悲	かな ヒ 슬플 비	**悲しい** (かなしい) 슬프다 **悲劇** (ヒゲキ) 비극 **悲惨な** (ヒサンな) 비참하다 (12) 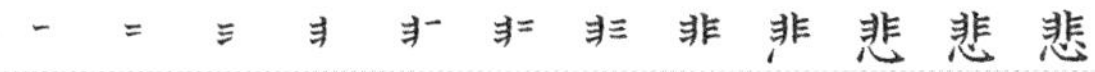
調	チョウ しら 조사할 조	**調査** (チョウサ) 조사 **調べる** (しらべる) 조사하다 **調子** (チョウシ) 상태 (15) 
査	サ 조사할 사	**調査** (チョウサ) 조사 **検査** (ケンサ) 검사 **捜査** (ソウサ) 수사 (9) 
果	カ は 결과 과	**結果** (ケッカ) 결과 **果汁** (カジュウ) 과즙 **使い果たす** (つかいはたす) 다 써버리다 **果物** (くだもの) 과일 (8) 
感	カン 느낄 감	**感情** (カンジョウ) 감정 **感動する** (カンドウする) 감동하다 **感じる** (カンじる) 느끼다 (13) 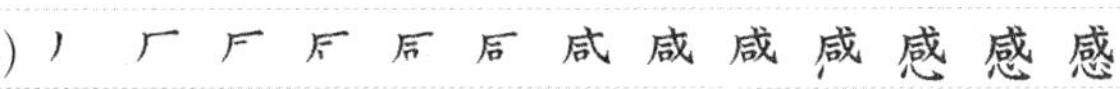
答	こた こたえ トウ 대답할 답	**答える** (こたえる) 대답하다 **答え／答** (こたえ) 대답 **回答** (カイトウ) 회답 **答案** (トウアン) 답안 (12) 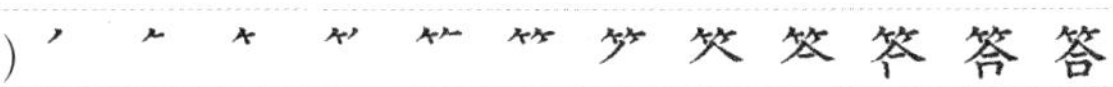

Ⅰ. 漢字《かんじ》の練習《れんしゅう》

A. 다음 제시된 발음으로 한자를 읽고, 외워 보세요.

電子(デンシ)　最初(サイショ)　最後(サイゴ)　口(くち)
人間(ニンゲン)　社会(シャカイ)　表す(あらわす)
全員(ゼンイン)

B. 다음 한자를 읽어 보세요(답은 아래에 있습니다).

1. 二つ　2. 笑う　3. 自分　4. 気持ち
5. 文字　6. 使う　7. 同じ　8. 最近
9. 研究　10. 留学生　11. 考える

Ⅱ. これはどんな顔?

単 語

・表情(ひょうじょう)　표정
・最初の〜(さいしょの〜)　최초의〜
・最後の〜(さいごの〜)　마지막의〜
・冗談(じょうだん)　농담
・簡単に(かんたんに)　간단하게
・横(よこ)　옆
・比べる(くらべる)　비교하다
・口(くち)　입
・このように　이와 같이
・〜によって　〜에 의해서
・人間(にんげん)　인간
・ほとんど　거의
・同じような(おなじような)　같은
・社会(しゃかい)　사회
・調査(ちょうさ)　조사
・結果(けっか)　결과
・感情(かんじょう)　감정
・表す(あらわす)　나타내다
・答える(こたえる)　대답하다
・全員(ぜんいん)　전원
・答え(こたえ)　대답
・軽蔑(けいべつ)　경멸

[Ⅰ-B] 답　1. ふたつ　2. わらう　3. じぶん　4. きもち　5. もじ　6. つかう　7. おなじ
8. さいきん　9. けんきゅう　10. りゅうがくせい　11. かんがえる

A. 다음 질문에 답하세요.

1. 次の顔はどんな表情だと思いますか。

a.

b.

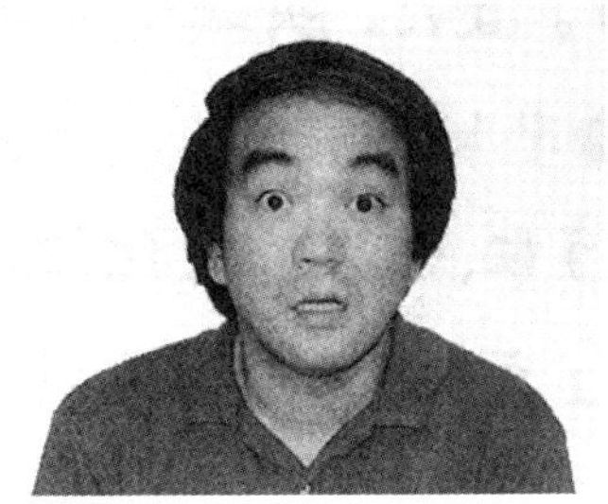

2. あなたは、びっくりした時／うれしい時／怒った時、どんな顔をしますか。やってみましょう。

B. 다음을 읽어 보세요.

友だちから電子メールをもらうと、ときどき変なマーク*が書いてあります。アメリカやオーストラリアの友だちから来る電子メールでは :-Dや :-)、:-(などのマークを見ます。最初の二つがうれしくて笑っている顔、最後のマークがあまりうれしくない時の顔です。このようなマークを「顔文字」といいます。文字だけでは自分の気持ちが相手にわかってもらえないと思った時、「これは冗談《じょうだん》ですよ、私がにこにこしながらこれを書いているのがわかりますか」と説明するのは大変ですが、顔文字を使えば、同じことがとても簡単《かんたん》に伝《つた》えられます。

日本人も電子メールでよく顔文字を使います。うれしい時に書く顔は（^_^）や（^^)です。もっとうれしい時は、「バンザイ」をさせて、* ＼(^$_0$^)／と書きます。(^^)v もうれしい時の顔です。日本人が写真を撮《と》っているのを見たことがある人は、顔の横のvが何かわかるでしょう。

英語の顔文字と日本語の顔文字を比べると、おもしろいことに気がつきます。まず、英語の顔文字は縦《たて》書《が》き*ですが、日本語の顔文字は横書き*です。また、英語では口が笑っていますが、日本語では目が笑っています。

このように、言葉《ことば》や文化によって顔文字は違いますが、人間の表情はどうでしょうか。みなさんは、ほかの国から来た人の表情を見た時、その人がどんな気持ちかわかりますか。

最近の研究によると、うれしい時の顔と、びっくりした時の顔は、言葉《ことば》や文化が違っても、ほとんど同じようです。ところが、悲しい時や怒っている時の表情は、国や社会によってずいぶん違うことがわかりました。

ある調査の結果を見てみましょう。この調査では、日本人の大学生とアメリカから日本に来ている留学生に写真を見せて、それがどんな感情を表している写真か答えてもらいました。

(1)

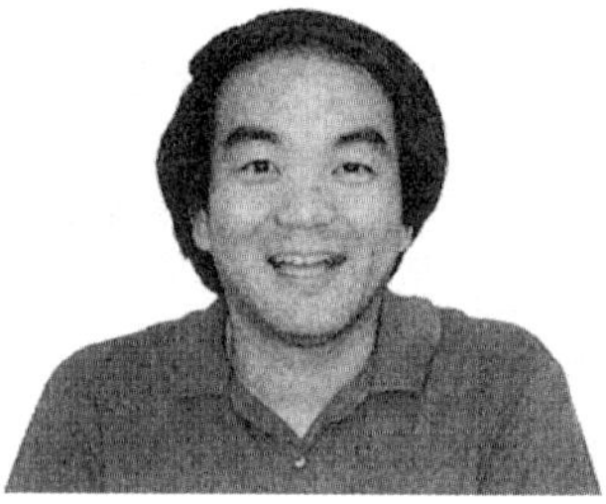

(2)

(1)の写真を見た時は、日本人もアメリカ人も、ほとんど全員が、これは「うれしい」表情だと答えました。(この人が犬を飼《か》っていたら、その犬もそう考えるでしょう。) ところが、(2)の写真を見た時は、国によって答えが少し違いました。日本人はこの写真を見て、ほとんど全員が「怒っている」と答えましたが、アメリカ人は66%しかそう考えませんでした。ほかの調査では、ある写真を見て、アメリカ人の十人に九人が「こわい」という気持ちを表し

ている表情だと考えましたが、日本人は十人に六人が「悲しい」表情だと答えました。また、アメリカ人が「怒っている」と思う表情を、日本人は「軽《けい》蔑《べつ》」の表情だと考えるそうです。

みなさんは、日本語を勉強している時や日本人と話している時、「日本人はずいぶん私と違う」と思ったり、「ああ、やっぱり日本人も、私と同じ人間なんだ」と思ったりしませんか。表情や身《み》ぶりについても、同じようなことが言えるかもしれません。

・マーク　마크
・バンザイをする　만세를 부르다
・縦書き(たてがき)　세로 쓰기
・横書き(よこがき)　가로 쓰기

C. 다음 질문에 답하세요.

1. :-Dや :-)はどんな気持ちを表していますか。

2. どうして電子メールで顔文字を使うのですか。

3. (∧_∧)、(∧∧)、＼(∧$_0$∧)／の中で、どれが一番うれしそうですか。どうしてですか。

4. (∧∧)vは何を表していますか。

5. 英語と日本語の顔文字は、何が違いますか。

6. (1)の写真を見て、日本人はどう思いましたか。アメリカ人はどうですか。

7. (2)の写真を見て、日本人はどう思いましたか。アメリカ人はどうですか。

D. 다음 얼굴 문자를 보고 어떤 의미가 있는지 생각해 보세요.

1. m(_ _)m　2. (∧$_0$∧)/　3. φ(∧$_0$∧)　4. (>_<)　5. (∧_-)

6. (-_-;)　7. (-_-　)　8. (@_@)　9. (-_-)zzz

Ⅲ. 書く練習《れんしゅう》

A. 일본인 친구에게 얼굴 문자를 사용해서 메일을 보내 보세요.

B. 일본어 공부를 할 때나 일본인과 말할 때, 자신과 일본인은 어떤 점이 다르다고 생각하는지 써 보세요.

漢字練習

顔	顔	顔	顔						
情	情	情	情						
怒	怒	怒	怒						
変	変	変	変						
相	相	相	相						
横	横	横	横						
比	比	比	比						
化	化	化	化						
違	違	違	違						
悲	悲	悲	悲						
調	調	調	調						
査	査	査	査						
果	果	果	果						
感	感	感	感						
答	答	答	答						

漢字活用

I. 다음 빈 칸을 히라가나는 한자로, 한자는 히라가나로 채워 보세요.

1. ____________は________________を__________ことができます。
人間　　かんじょう　　表す

2. ____________な_________をしないでください。
かなしそう　　かお

3. _________がその____________はちょっと____________と思いました。
全員　　けっか　　へんだ

4. _________が__________。もう一度 _________から__________ください。
こたえ　　ちがいます　　最初　　しらべて

5. ほかの国の_____________や__________を____________みましょう。
社会　　ぶんか　　くらべて

6. ____________の_________________をよく見たほうがいいです。
あいて　　ひょうじょう

7. 漢字の__________にひらがなを書いてください。
よこ

8. ________メールのアドレスを________________、__________________。
電子　　まちがえて　　おこられました

9. 彼女は____________を大きく開けて______________________。
口　　わらいます

10. ____________まで________________を続けるのは_________________。
最後　　ちょうさ　　たいへんでした

MEMO

정답

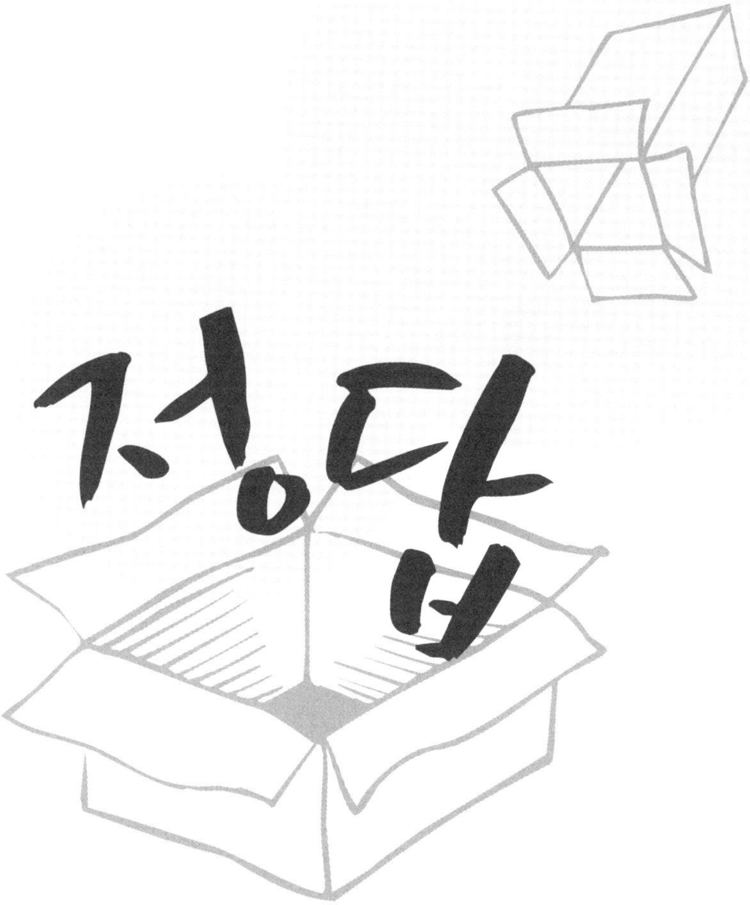

정답

第1課

Ⅰ

A. 1. よ 2. ほ 3. め 4. す 5. き 6. ち 7. た 8. ろ 9. え

B. 1. 다나카 2. 야마모토 3. 아카이 4. 하시모토 5. 다카하시 6. 나카무라 7. 모리카와 8. 사쿠마 9. 삿포로 10. 교토 11. 가나자와 12. 오사카 13. 나가사키 14. 기후 15. 벳푸 16. 치바

C. (1) ほ (2) む (3) き (4) し (5) あ

D. [解答例] (1) る, ろ, え, そ, ね, み, れ, わ (2) あ, お, け, は, ほ (3) の, あ, め, ぬ (4) ま, よ, は, ほ (5) ま, き, ほ, も (6) け, は, ほ, い, に, ゆ

E. 1. でんわ 2. えいご 3. にほん 4. なまえ 5. せんせい 6. だいがく

Ⅱ

1. たなか ゆうこ 2. やまだ まこと 3. きたの ひろみ 4. れきし(歴史)

第2課

Ⅰ

A. 1. オ 2. ヌ 3. サ 4. シ 5. ク 6. マ 7. ル 8. ホ 9. ユ

B. 1. (c) 2. (d) 3. (i) 4. (f) 5. (h) 6. (a) 7. (k) 8. (j) 9. (g) 10. (l) 11. (e) 12. (b)

C. 1. クアラルンプール 2. アムステルダム 3. ワシントンDC 4. カイロ 5. キャンベラ 6. ストックホルム 7. ニューデリー 8. ブエノスアイレス 9. オタク

D.

イ	ン	ド	ネ	シ	ア	イ	ル	ワ	ン	ダ
コ	ウ	モ	リ	ブ	ク	ロ	ク	マ	チ	コ
オ	ー	ス	ト	ラ	リ	ア	ネ	コ	ェ	イ
ラ	タ	ウ	ナ	ジ	ア	メ	キ	シ	コ	ヌ
ン	ヌ	ェ	メ	ル	ヒ	リ	ネ	ズ	ミ	ベ
ダ	キ	ー	ク	ヘ	ル	カ	ナ	ダ	ラ	ト
カ	モ	デ	ジ	ビ	ボ	ス	ニ	ア	ク	ナ
ワ	シ	ン	ガ	ポ	ー	ル	パ	ン	ダ	ム
タ	イ	ゴ	リ	ラ	エ	ク	ア	ド	ル	メ

E. 1. ノート 2. メニュー 3. ペン 4. ジンーズ 5. テープ 6. トレーナー

Ⅲ

1. (c) 2. (e) 3. (a) 4. (h)

第3課

Ⅰ

A. (1) ¥650 (2) ¥1,800 (3) ¥714,000 (4) ¥123,000 (5) ¥39,000,000

B. 1. 三十円 2. 百四十円 3. 二百五十一円 4. 六千七十円 5. 八千百九十円 6.四万二千五百円 7. 十六万八千円 8. 三百二十万円 9. 五千七百万円

Ⅱ

7:00	일어나다
(8:00)	학교에 가다
9:00	일본어를 공부하다
(12:30)	점심을 먹다
4:00	도서관에서 책을 읽다
6:00	집에 가다
(10:00)	TV를 보다
(12:00)	잠을 자다

◆ 漢字活用

Ⅰ 1. 四十一 2. 三百 3. 千五百 4. 二千八百九十 5. 六万七千 6. 十二万八千 7. 百万

Ⅱ 1. 六百円 2. 時・十二時

Ⅲ 1. このとけいは四万九千円です。2. あのかばんは五千三百円です。3. やまなかさんは六時におきます。4. かわぐちさんは七時にだいがくにいきます。5. すずきさんはたいてい十二時ごろねます。6. わたしはときどききっさてんでコーヒーをのみます。コーヒーは百八十円です。

第4課

Ⅰ

A. 1. 수요일 2. 금요일 3. 일요일 4. 월요일 5. 토요일 6. 목요일 7. 화요일

B. 1. 中 2. 上 3. 下

Ⅱ

1. ともだちとだいがくでべんきょうします。2. いいえ、たべません。3. 九時半ごろかえります。

Ⅲ

5 → 3 → 2 → 4 → 1

◆ 漢字活用

Ⅰ 1. 日曜日 2. 月曜日 3. 火曜日 4. 水曜日 5. 木曜日 6. 金曜日 7. 土曜日

Ⅱ 1. 日本・本・中 2. 水 3. 六時半 4. 上・下 5. 日本人

Ⅲ 1. 金曜日に日本人のともだちとレストランにいきました。2. 土曜日に十時半ごろおきました。3. 月曜日に一人でおてらにいきました。4. 本はつくえの上です。しんぶんは本の下です。

第5課

Ⅰ

A. 1. 飲 2. 飲 3. 私 4. 元, 今, 行, 三, 土, 時, 金, 半 5. 男 6. 気 7. 金, 今, 食, 飲 8. 食 9. 気 10. 男

B. 1. (f) 2. (e) 3. (b) 4. (d) 5. (c) 6. (a) 7. (g)

C. 1. (c) 2. (g) 3. (h) 4. (k) 5. (a) 6. (i) 7. (e) 8. (j) 9. (b) 10. (d) 11. (f)

Ⅱ

A. 1. 커피 2. 콘서트 3. 비엔나 4. 카페 5. 클래식 6. 케이크

B. 1. T 2. F 3. T 4. F 5. T 6. F

C. 1. おきなわにいます。2. ちょっとあついですが、いい天気です。3. ともだちといっしょにうみでおよぎました。4. 山に行きました。日本人の男の人と女の人と行きました。5. おきなわの食べものがだいすきです。

◆ 漢字活用

Ⅰ 1. 元気 2. 今日・天気 3. 男・人・山川 4. 女・人・山田 5. 私・行きました

6. 食べました・飲みました　7. 見ました

Ⅱ　1. 私は今日本にいます。2. 田中さんは元気です。山川さんは元気じゃありません。3. 私は日本人の男の人と女の人と山に行きました。4. 木曜日に私はともだちとばんごはんを食べました。5. 水曜日に私はおさけをたくさん飲みました。それから、ビデオを見ました。

第 6 課

Ⅰ

A. 天気, 先生, 学生, 大学, 今日

B. 1. d　2. f　3. e　4. a　5. b

Ⅱ

1. 야마다　2. 야마시타 교수의 집에서, 음료수　3. 서부역에서 3번 출구로 나가 왼쪽으로 3분 정도 걸으세요.　4. 도호쿠에서 홈스테이를 할 것이다.

Ⅲ

A. c

B. ピザ, アイスクリーム, ワイン

C. 1. ちいさい　2. やすい　3. おもしろい　4. きます

◆ 漢字活用

Ⅰ　1. 東・西・南・北　2. 南口・出て・右・五分　3. 西口・出て・左・十分　4. 大学生　5. 先生・外国

Ⅱ　1. 私の大学に外国人の先生がたくさんいます。2. 大学はぎんこうの左です。3. 東口を出て、右に行ってください。4. レストランは南口のそばです。5. レストランでピザを食べて、ワインを飲みました。6. 北口で二十分まちました。

第 7 課

Ⅰ

A. 1. 文, 校, 父　2. 毎, 母　3. 人, 入　4. 京, 高

B. 1. 帰　2. 社　3. 会　4. 京, 高, 語

C. 1. 母　2. 高　3. 京　4. 語　5. 帰　6. 校

Ⅱ

1. すこしさむいです。2. 小さくて、しずかです。3. 会社につとめています。いそがしくて、毎日おそく帰ります。4. とてもおもしろい人です。5. 高校生です。よくべんきょうします。6. 東京の大学に行っています。7. とてもおもしろいです。

◆ 漢字活用

Ⅰ　1. 東京・京子・お父さん・会いました　2. お母さん・毎日・会社　3. 帰ります　4. 小さくて・高い　5. 入って　6. 高校・日本語・文学

Ⅱ　1. 京子さんのいもうとさんは高校生です。2. 京子さんのお母さんは小さい会社につとめています。3. 京子さんのお父さんは毎日おそくうちに帰ります。4. 私は日本語と文学をべんきょうしています。5. 南さんはすこし英語を話します。

第 8 課

Ⅰ

A. 1. 語, 読　2. 私, 校, 新, 休　3. 時, 曜　4. 男, 思　5. 行, 作, 仕, 休, 何　6. 右, 京, 高, 語, 員, 言, 何

B. 1. 読む　2. 聞く　3. する　4. 思う　5. 作る　6. のる　7. 休む

Ⅱ

C. 1. 日本人の会社員はみんなとても疲れていると思いましたから。

2. (a) 9 (b) 3 (c) 5 (d) 6 (e) 7

◆ 漢字活用

Ⅰ 1. 会社員・思います 2. 仕事・休む・言って 3. 新聞・読みます 4. 新しい・車 5. 次・電車・何時 6. 休み・作りました

Ⅱ 1. 私は電車で新聞を読みます。2. 私はアンケートを作りました。3. 私は日本の会社員はいそがしいと思います。4. 休みに何をしますか。5. 京子さんは先週東京に行ったと言っていました。6. 次の電車は十一時にきます。

第 9 課

Ⅰ

A. 1. 白, 百 2. 小, 少 3. 間, 聞 4. 語, 話

B. 1. 名前 2. 午前 3. 新しい 4. 天気, 雨 5. 知って

Ⅱ

A. (b) → (e) → (c) → (d) → (a)

B. 1. T 2. F 3. F 4. T 5. T 6. F

◆ 漢字活用

Ⅰ 1. 午前中・雨 2. 午後・友だち・家・話しました 3. 白い・少し・古い 4. 名前・知って・書いて 5. 二時間・来ませんでした

Ⅱ 1. 私は午後友だちに手紙を書きました。2. 私は家で一時間本を読みました。3. 私はけんさんのお父さんと話しました。おもしろかったです。4. 山下さんのいぬの名前はポチです。5. 私のじしょは少し古いです。6. 私の家に来てください。話しましょう。

第 10 課

Ⅰ

A. 1. 正 2. 町 3. 雪 4. 朝 5. 道, 自 6. 持 7. 買 8. 道

B. 1. 売る 2. 立つ 3. 長い 4. 朝

C. 1. 買いもの 2. 持っ 3. 売っ 4. 雪 5. 長かったです 6. 住ん 7. 立っていました

Ⅱ

C. (b) → (d) → (c) → (e) → (a) → (f)

D. 1. F 2. T 3. F 4. T 5. F 6. F 7. F 8. T

◆ 漢字活用

Ⅰ 1. 来年・町・住む 2. 今年・お正月・雪 3. 自分・売って・買いました 4. 道・立って 5. 朝・持って 6. 夜・長く

Ⅱ 1. 私は小さい町に住んでいます。2. きのうの朝雪がふりました。3. 私は古い車を売って、新しいのを買いました。4. 山田さんはせが高くて、かみが長いです。5. かさを持っていますか。6. この道は夜しずかになります。

第 11 課

Ⅰ

A. 紙, 好, 明, 旅, 歌, 強, 勉

B. (1) 手 (2) 近 (3) 名 (4) 病

Ⅱ

C. 1. 岡田香 2. 水野裕子 3. 中村ひろし 4. 松本明 5. 中村ひろし

D. 1. テニスやサッカーをします。2. フランス文学です。3. 20歳から25歳ぐらいで、明るくて、やさしくて、たばこを吸わない人が好きです。4. 運転します。5. 歌手になりたいと思っています。6. (略)
E. 1. 一月に来ました。2. 山に登ったり、つりをしたりするのが好きです。3. 古いお寺や神社や有名な祭りを見に行きたいと思っています。

◆ 漢字活用

Ⅰ　1. 手紙・明るい　2. 映画・歌ったり・勉強　3. 近く・病院　4. 旅行・好き　5. 市・有名・所
Ⅱ　1. 私は休みに映画を見たり、歌を歌ったりします。2. 私の友だちは近所に住んでいます。3. 私はいろいろな所に旅行しました。4. あした病院に行きたくありません。5. しょうらい有名になりたいです。6. 私に手紙を書いてください。7. 外国語を勉強したことがありません。

第12課

Ⅰ
A. 1. 早　2. 起　3. 使　4. 別　5. 赤　6. 青　7. 色　8. 牛
B. 1. 々　2. 神　3. 働　4. 度
C. 1. 使, 働　2. 連　3. 別

Ⅱ
C. 1. とてもまじめな人です。毎日、朝早く起きてはたを織っていました。2. まじめな人です。牛を使って、畑で働いていました。3. 二人がぜんぜん働かなかったからです。4. 天の川の向こうに行って、ひこぼしに会います。5. 願いがかなうからです。6. (略)

◆ 漢字活用

Ⅰ　1. 昔々・神様　2. 牛・使って・働いて　3. 早く・起きます　4. 赤い・色・青い・色　5. 今度・連れて・帰ります　6. 別れました
Ⅱ　1. 私は赤と青が好きです。2. 今度、映画に行きましょう。3. 朝早く起きるのが好きじゃありません。4. あなたと別れたくありません。5. 電話を使ってもいいですか。6. 今週の週末、働かなくちゃいけません。

第13課

Ⅱ
A. 1. (1) c　(2) a　(3) d　(4) b　2. (略)
C. 1. ○　2. ×　3. ×　4. ○　5. ×　6. ○　7. ×　8. ×

Ⅲ
C. 1. 「ここには住めない」と思いました。電車は込んでいるし、みんな同じ顔をしていたからです。　2. (1) a, c　(2) b, d, e

◆ 漢字活用

Ⅰ　1. くに・料理　2. 特に・鳥・肉　3. 昼・空港・着きました　4. まいにち・同じ・物　5. こうこうせい・とき・海　6. きぶん・悪い　7. ご飯・安くて・体　8. いっしょう・いちど　9. 午後・読んだ・聞いた

第14課

Ⅱ
C. [1] 1. 大学時代の先輩です。やさしくて、仕事もできる人です。2. 仕事をやめたくないからです。　3. (略)　4. (略)
[2] 1. 英語で話します。ホストファミリー

は英語を話したがっているからです。2. 英語で話します。みんなの英語はこの人の日本語より上手だからです。3. この人は日本語で話しますが、お店の人は英語を話します。4. (略)

3 1. 去年乗りました。気分が悪くて大変でした。2. 27時間ぐらい飛行機に乗っていなくてはいけないからです。3. (略)

◆ 漢字活用

Ⅰ　1. 彼・親切・としうえ　2. 留学した・家族　3. 店・英語・じょうず　4. 病気・医者　5. 去年・本当に　6. 東京・ほっかいどう・乗りました　7. 音楽・だいすき　8. 急に・時代　9. 仕事・買い物　10. さんねんかん・にかげつご

第15課

Ⅱ

A. 1. (略)　2. (略)　3. (1) c　(2) d　(3) b　(4) a

C. 1. a. 広島です。1945年8月6日です。二十万人の人が死にました。b. 原爆について読んだり、写真を見たりできます。c. 小さい島で、有名な神社があります。d. 島にいる鹿はたいていおなかがすいているからです。2. (略)　3. (略)

D. ジョンさん：広島・宮島（海や山がきれいで、鹿もいる）　ケリーさん：沖縄（ビーチがきれい。冬も暖かいので一年中スポーツが楽しめる）　トムさん：東京（大きい会社もあるし、ホームレスの人たちもいる）　ユンさん：京都（嵐山で紅葉が見られる）

◆ 漢字活用

Ⅰ　1. ふるい・自転車・借りました　2. 地下・広場・通ります　3. 建物・走って　4. 意味　5. 夏・お寺　6. 魚・足　7. さんじゅうまんにん・死にました　8. おかねもち・注意した　9. まち・生まれました・近く・ゆうめいな・神社　10. いちねんじゅう・にんき

第16課

Ⅱ

C. 1. 未来から来ました。2. 未来のいろいろな便利な道具を持っています。3. 覚えたいことをそのパンに書いて食べます。すると覚えられます。4. 行きたい所を考えて、ドアを開けます。するとドアの向こうにはその場所があります。5. テストの前にトイレに行ったので、何も覚えていませんでした　6. 夢をたくさんくれます。弱い子供の味方です。いろいろなことを教えてくれます。　7. シンガポール、インドネシア、ブラジルなどで見られます。

D. 5, 6, 4, 1, 3, 2

◆ 漢字活用

Ⅰ　1. 世界・教室　2. 子供・運動して・食べます　3. 全部・自分・考えて　4. 毎週・以上　5. 部屋・開けないで　6. しょうがくせい・味方　7. かいがい・売れて　8. 始まります　9. ばしょ・そら　10. だして

第17課

Ⅱ

A. 1. b - (1)　c - (8)　d - (9)　e - (2)　f - (6)　g - (3)　h - (5)　i - (7)　2. (略)　3. ［解答例］ベトナム戦争など　4. (略)

C. 1.

1933年	オノ・ヨーコ 東京で生まれる
1935年	アメリカに行く
1941年	アメリカから帰る
1953年	大学に入る
1956年	結婚する
1964年	『グレープフルーツ』を出す
1966年	イギリスで展覧会を開く
1969年	ジョン・レノンと結婚する 「ベッド・イン」イベントを開く
1975年	男の子ショーンが生まれる
1980年	ジョンとヨーコ、『ダブル・ファンタジー』を出す ジョンが銃で撃たれる

2.（略）

◆ 漢字活用

Ⅰ 1. ふたり・結婚・発表しました 2. 写真・集めて 3. ご主人・三十歳・おんがくか 4. わるい・習いました 5. 作品・つくって・ひらき 6. はちじゅうねんだい・主に・分野・活動 7. ただしい・文字 8. 歩いて・帰りました

第18課

Ⅱ

B. 1. 家庭教師です。2. 力仕事です。
3.「洋服が買いたい」です。4. はい、違います。

Ⅲ

B. 1. 大学のそばのワンルームマンションです。家賃は一か月五万円です。2. 家庭教師をしたり、大学の食堂で働いたりしています。ときどき、引っ越しの仕事もします。
3. いいえ、払えます。4. いい学生じゃないと思います。よく遅刻したり、授業をサボったりするからです。5. 先輩たちと親しくなれたし、彼女に会えました。6. 勉強しなくてはいけません。

◆ 漢字活用

Ⅰ 1. 図書館・宿題 2. 授業・目的 3. 洋服・貸して 4. らいしゅう・試験・終わります 5. まいつき・でんきだい 6. したしい・からて 7. だんしがくせい・じょしがくせい・食堂・飲んで 8. みっか・力仕事 9. いれて

第19課

Ⅱ

A. 1.（略） 2. a. 夏 b. 春 c. 冬 d. 秋

C. 1. 大学の授業でいそがしかったからです。
2. お姉さんといっしょにテニスをしたり、お兄さんとしょうぎをしたりしたことを思い出します。3. 自分で漢字を勉強しようと思っています。4. 来年大学を卒業したら、日本にもどるつもりです。

Ⅲ

B.

マリアさんは今カリフォルニア大学で政治を勉強しています。卒業したら、日本の大学院で国際政治を勉強したいと思っています。パクさんは日本の大学院で電気工学を研究しています。……

1) パクさんは日本語の試験のためにどんな勉強をしましたか。
2) 奨学金を申し込みたいのですが、どうしたらいいですか。
3) 留学生がアルバイトを見つけるのはむずかしいですか。

◆ 漢字活用

Ⅰ 1. お兄さん・お姉さん 2. 春・秋 3. 姉・漢字・研究して 4. 冬・花 5. 手紙・様 6. 質問・多くて・不安 7. 工学・来年・卒業します 8. ゆうじん・おもいだします 9. たいせつ・おせわ 10. 兄・だいがくいん

第 20 課

Ⅱ

A. 1. 150年から200年ぐらい前(広重は1797～1858年。東海道五十三次は天保4～5年[1833～34年]刊行。) 2. 茶店 3. 小判(慶長小判)、昔のお金 4. 落語

C. 1. いなかに行って、古い物を安く買い、江戸でそれを高い値段で売っていました。2. 三百両でした。3. 猫といっしょに皿も持っていこうと思ったからです。4. 三両で買いました。5. いいえ。6. 家に置いておくとあぶないからです。7. 茶店の主人のほうがかしこいです。

Ⅲ

A. [解答例]

(1) 男の子が、パンを買いに行きました。パンを買うと、男の子はお金を払わないで、走って行ってしまったので、お店の人は男の子の家まで追いかけました。男の子のお母さんがパン屋さんにお金を払いました。男の子はお母さんにお金をもらっていたのですが、払うのを忘れてしまったのです。

(2) 雨が降っているので、男の子はたばこ屋の前で待ちました。お母さんがかさを持って迎えに来てくれるはずです。まだ雨は降っていますが、男の子は走っておもちゃ屋の前に行きました。お母さんがおもちゃ屋さんで、何か買ってくれるかもしれません。

◆ 漢字活用

Ⅰ 1. 心・笑って・続けました 2. そと・両親・払って 3. 皿・枚・両 4. 無理 5. 茶店・なんど 6. 絶対・止まらないで 7. 最近・痛くて・声 8. お茶・さいあく

第 21 課

Ⅱ

C. 1. (1) 台風で家が壊れてしまいました。(2) 飼っていた犬に死なれました。(3) 急に重い病気になって入院しなくてはいけませんでした。2. 三十三歳だと思います。3. いいえ、信じていませんでした。4. 外国で勉強することでした。5. 若い日本人留学生は、親にお金を送ってもらって、ぜいたくをしていますが、この人はぜいたくをしません。6. どろぼうに入られました。7. テレビとラジカセとカメラと時計と自転車を取られました。8. バスで通います。9. 厄年だから、悪いことが起こったと思っています。10. ちょっと信じています。

◆ 漢字活用

Ⅰ 1. 初めて・台風 2. 兄弟・写真・送りました 3. 犬・経ちました 4.初め・心配・経験 5. 幸せ・信じて 6. 時計・遅れて 7. おや・若い 8. 去年・弟・重い・びょうき・にゅういん 9. 自転車・かよって 10. 妹・三台 11. しょくじ・遅かった

第 22 課

Ⅱ

C. 1, 3

D. 1. 友美に秘密で研一と会っていたからです。2.「出張で大阪に行けない」と言って、本当は大阪で夏子と会っていました。夏子のことを好きになったからです。3.（略）

◆ 漢字活用

Ⅰ　1. 週末・案内して　2. 黒い・駅・待って　3. 一番・小説　4.一回・説明したら　5. 夕方・用事・かわりに　6. 銀行・忘れて　7. ふつかかん・日記　8. お守り・しんゆう　9. 留守番電話・残しました

第23課

Ⅱ

A. 1. a. こわい時の表情　b. びっくりした時の表情　2.（略）

C. 1. うれしい気持ちを表しています。2. 顔文字を使えば、自分の気持ちが簡単に伝えられるからです。3. ＼(^○^)／(バンザイしているからです)　4. 笑ってVサインをしています。5. 英語の顔文字は縦書きで口が笑っていますが、日本語の顔文字は横書きで目が笑っています。6. 日本人もアメリカ人もうれしい表情だと思いました。7. 日本人はほとんど全員が怒っている表情だと思いましたが、アメリカ人は66％しかそう思いませんでした。

D. 1.「すみません」　2.「こんにちは」　3.「いただきます」　4.「痛い!」　5. ウインク　6.「ああ、こわかった」「ああ、あぶなかった」　7. やくざ：「私はこわいよ!　気をつけなさい!」　8.「びっくりしました!」　9.「寝ています」

◆ 漢字活用

Ⅰ　1. にんげん・感情・あらわす　2. 悲しそう・顔　3. ぜんいん・結果・変だ　4. 答え(答)・違います・さいしょ・調べて　5. しゃかい・文化・比べて　6. 相手・表情　7. 横　8. でんし・間違えて・怒られました　9. くち・笑います　10. さいご・調査・大変でした

◉저자

坂野永理(ばんの えり)

岡山大学留学生センター助教授

大野裕(おおの ゆたか)

名古屋大学留学生センター助教授

坂根(池田)庸子(さかね いけだ ようこ)

関西外国語大学留学生別科助教授

品川恭子(しながわ ちかこ)

カリフォルニア大学サンタバーバラ効　日本語教師

渡嘉敷恭子(とかしき ちかこ)

関西外国語大学　外国語学部　教授

순기초 일본어 **겡끼** 읽기·쓰기

초판발행	2002년 5월 20일
1판 4쇄	2020년 7월 17일
저자	坂野永理・大野裕・坂根庸子・品川恭子・渡嘉敷恭子
책임 편집	주은혁, 무라야마 토시오
펴낸이	엄태상
마케팅	이승욱, 전한나, 왕성석, 노원준
온라인 마케팅	김마선, 조인선
경영기획	마정인, 최성훈, 정다운, 김다미, 전태준, 오희연
물류	정종진, 윤덕현, 양희은, 신승진
펴낸곳	시사일본어사(시사북스)
주소	서울시 종로구 자하문로 300 시사빌딩
주문 및 교재 문의	1588-1582
팩스	0502-989-9592
홈페이지	www.sisabooks.com
이메일	book_japanese@sisadream.com
등록일자	1977년 12월 24일
등록번호	제300 - 1977 - 31호

ISBN 978-89-402-0451-1
978-89-402-0448-1 (set)